짧고 굵게 일합니다

불필요한 것은 걷어내고
본질에 집중하는 7가지 정리 습관

곤도 마리에·스콧 소넨샤인 지음
이미정 옮김

짧고 굵게 일합니다

ENTER

리더스북

일러두기

· 저자들은 책 내용 중 절반씩을 맡아 자신의 견해를 피력했다. 마리에의 생각은 들어가는 말과 1·2·
   3·11장에서 만날 수 있다. 스콧의 생각은 4장부터 10장에 걸쳐 펼쳐진다. 저자들은 각자 저술한
   부분에서 공동 저자의 의견을 소개하기도 했다.
· 이 책에서 소개한 사례는 모두 실화다. 다만 등장인물들의 이름은 익명성을 보장하고 읽기 편하
   도록 바꿔 표기하기도 했다.

나를 지지하고 내가 설레는 삶을 살도록 해주는

가족과 집, 그 밖의 모든 것에 감사합니다.

- M. K. -

어머니, 아버지

제가 드디어 정리를 합니다!

- S. S. -

차례

들어가는 말

책상이 항상 서류 더미에 파묻혀 있는가?

내일 제출해야 하는 서류가 어디 있는지 몰라 소리치는 게 익숙한가?

이메일을 자주 확인하는데도 도무지 줄어들 기미가 안 보이는가?

"제가 어제 이메일을 보냈는데…"라는 말을 들으면 '무슨 이메일 말이지?' 하는 생각이 든다고?

만나고 싶지 않은 사람들과의 약속이 잔뜩 잡혀 있는가?

결정을 내리기 어려운가?

진짜 하고 싶은 일을 잊어버려서 매일 이런 일상에 파묻혀 살고 있는가?

해야 할 일을 목록에서 하나씩 지워나가는 게 인생이라고? 그렇다면 내 일과 경력, 삶의 질서를 되찾을 방법이 없을까?

단순하지만 효과적인 해결책이 있다. 바로 '정리'다. 여기서 말하는 정리는 물리적인 업무 공간을 치우는 것만이 아니다. 자신의 일에서 최고의 성과를 내는 방법으로서 정리를 말한다. 너저분한 책상은 물론 비효율적인 시간 관리, 쓸데없는 업무, 불필요한 회의, 의미 없는 관계 등 귀중한 시간과 에너지를 빼앗는 모든 잡동사니를 제거하는 것이다.

많은 사람들이 정리정돈을 하라는 말만 들어도 절망적인 한숨을 내쉬며 이렇게 아우성친다.

"그럴 시간이 없어요! 지금도 너무 바쁘다고요!"

"결정해야 할 일이 많아서 정리는 엄두도 못 내요."

"이미 해봤어요. 서류들을 모두 분류해놓았지만 또다시 엉망이 됐어요."

직장에서 설레거나 즐거운 일 같은 건 없다고, 아무리 애써봐야 회사에서 바꿀 수 있는 것은 없다고 생각하는 사람들도 상당히 많다.

"하루 종일 쓸데없는 회의에 파묻혀 지내요. 정리한다고 그게 달라지진 않을걸요."

"제가 어떻게 할 수 없는 일이 너무 많아요. 직장에서 행복해질 일은 절대 없어요."

이렇게 주장하는 사람들이 많지만, 실상은 그렇지 않다. 정리 정돈을 제대로 하면 직장에서도 얼마든지 만족할 수 있다.

나는 다섯 살 때부터 정리의 매력에 빠져들었다. 학창 시절에도 계속 정리에 매진해서 대학생이던 열아홉 살 때 정리 컨설턴트로 첫발을 내디뎠다. 내 정리 비결을 담은 이른바 '곤마리 정리법'은 이런 경험의 산물이다.

곤마리 정리법에는 두 가지 특징이 있다. 첫째, 간단하지만 효과적이다. 곤마리 정리법으로 정리하면 다시는 지저분한 상태로 돌아가지 않는다.

둘째, 영감을 주고 성장과 발전을 돕는 것만 남긴다는 독특한 선별 기준을 사용한다. 먼저 스스로에게 "이것이 나를 가슴 뛰게 만드는가?"라는 질문을 던진다. 이를 통해 스스로의 내면을 살피고, 자신에게 정말 중요한 것과 그렇지 않은 것을 구분하도록 돕는다. 그러면 지속적인 행동의 변화가 일어나 인생을 긍정적인 궤도에 올려놓을 수 있다.

나는 첫 책 『정리의 힘』에서 이 정리법을 소개했다. 40개 언어로 번역된 이 책은 1,200만 부가 넘게 팔렸다. 그런데 전 세계에 곤마리 정리법을 알리느라 바삐 다니는 와중에 쉽사리 사라지지 않는 질문이 떠올랐다. 업무 공간은 어떻게 정리할 수 있을까? 직장에서도 정리를 통해 일과 업무를 보다 효율적으로 변화시킬 수 있을까?

많은 사람들이 나를 집 안 정리 전문가로 알고 있지, 업무 공간 정리 전문가라고는 생각하지 않는다. 하지만 나는 정리 컨설팅에 뛰어들기 전 근무했던 회사에서 짬이 날 때마다 동료를 비롯해 꽤 많은 직장인들에게 업무 공간 정리법을 가르쳤다. 이 과정에서 단지 업무 공간을 정리했을 뿐인데 이를 통해 성과가 얼마나 향상되었는지, 직장 생활이 얼마나 행복해졌는지 명확하게 드러났다. 판매 실적이 20% 향상된 고객도 있었고, 효율성이 증가해 2시간이나 일찍 퇴근하게 된 고객도 있었다. 이들은 한결같이 정리 덕분에 일에서 의미를 되찾아 열정을 다시 지필 수 있었다고 했다. 집 정리로 보다 나은 삶을 만들어나가는 것처럼, 업무 공간을 정리하면서 직장에서도 더욱 나은 결과를 낼 수 있게 된 것이다.

사실 직장에서 일어나는 모든 일에 만족하고 즐거울 수는 없다. 회사에는 따라야 할 규칙이 있고, 내 의지와 무관하게 결정을 내리는 상관들이 있으며, 협력할 동료들이 있기 때문이다. 그런 의미에서 물리적인 업무 공간만 정리해서는 자신이 바라는 직장 생활을 누리지 못한다. 넘쳐나는 이메일과 디지털 데이터, 산적한 업무, 불필요한 회의 등 업무를 둘러싼 모든 요소를 정리해야 진정으로 생산적이고 성취감 넘치는 직장 생활을 누릴 수 있다.

이 책의 공동 집필자 스콧은 바로 이런 맥락을 짚어준다. 조직 심리학자이자 라이스대학교 경영대학원 석좌교수인 스콧은 훨씬 더 보람차고 즐겁게 경력 쌓는 법을 오랜 시간 연구해왔다. 그가 다루는 주제는 보다 긍정적이고 의미 있는 직장 생활 영위법, 훨씬 효과적이고 생산적인 업무 처리법과 문제 해결법 등이다. 그간의 연구를 바탕으로 스콧은 그가 저술한 베스트셀러 도서 『스트레치(Stretch)』에서 기술이든 지식이든 물건이든, 이미 갖고 있는 자원을 더욱 잘 활용해 직장에서 성공과 만족을 쟁취하는 방법을 소개했다.

한편 이번 책에서 스콧은 업무적 측면에서 정리의 효과를 보여주는 최신 연구 결과와 자료를 제공하고, 물리적인 공간 이외에 업무의 다른 측면을 정리하는 간편하고 효과적인 방법을 제시한다.

　1장에서는 정리에 관한 통계를 제시해 지금 당신의 직장 생활에 정리가 필요한 이유를 살펴볼 것이다. 2장과 3장에서는 사무실 책상과 서랍 등 물리적인 공간 정리법을 소개한다. 4장에서 9장까지는 디지털 데이터와 시간, 결정, 관계, 회의, 그리고 팀 정리법을 살펴본다. 10장에서는 직장에서 동료들과 정리의 마법을 공유하는 법을 소개할 예정이다. 마지막으로 11장에서는 타성에 젖은 업무에서 벗어나 하루하루 생산성을 높이는 마음가짐과 접근법을 공유할 것이다.

　이 책이 당신의 일을 방해하는 모든 불필요한 것들을 정리하고, 늘 꿈꿔왔던 커리어를 실현해줄 열쇠가 될 수 있기를 바란다.

1장

지금 당신에게는
'정리'가 필요합니다

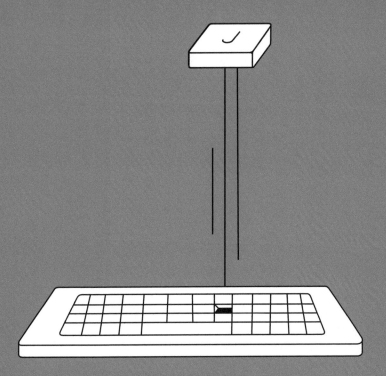

　월요일 아침, 회사 사무실에 도착했을 때 제일 먼저 눈에 들어오는 것은 무엇일까? 거의 대부분은 책상이다. 그런데 뭐가 뭔지 모를 잡동사니로 뒤덮여 그게 책상인지 알아보기 힘든 경우가 있다. 서류 더미와 집게, 누가 언제 보냈는지도 모르는 뜯지 않은 우편물, 읽지 못한 책, 포스트잇이 다닥다닥 붙은 컴퓨터로 책상은 어수선하다. 게다가 책상 밑에는 홍보용으로 받은 경품이 가득하다. 이 광경을 보며 깊은 한숨을 토해내지 않을 사람이 몇이나 될까? 책상이 저 모양 저 꼴인데 무슨 일을 어떻게 하겠나, 싶은 생각이 들지 않을까?

　부동산 중개 사무소에서 일하는 아키(Aki)도 책상 정리를 못해

늘 고생했다. 책상 너비는 한쪽 팔 길이만 하고 서랍도 3개뿐이라 그리 크지도 않았지만, 뭐 하나 제대로 찾을 수 없었다. 회의 직전에는 언제나 안경과 펜, 혹은 서류 폴더를 찾느라 정신이 쏙 빠졌고, 회의 자료를 찾지 못하고 다시 인쇄하곤 했다. 도저히 이렇게 살 수는 없겠다 싶어 책상을 정리하겠다고 몇 번이나 마음먹었지만, 저녁이 되면 너무 피곤해 책상 정리를 내일로 미루고 말았다. 그리고 그날 살펴본 서류를 모두 한쪽으로 밀어놓은 채 퇴근했다.

그다음 날에는 어땠을까? 이튿날 역시 필요한 자료를 찾아 서류 더미를 뒤지다가 정작 해야 할 일은 시작도 하지 못했다. 마침내 필요한 물건을 찾았을 때는 이미 녹초가 된 뒤였다.

"엉망진창으로 어질러진 책상을 보고 있으면 완전 우울해졌어요."

아키는 이렇게 말했다. 하지만 다 자기가 저질러놓은 일이니 누굴 탓할 수 있을까?

지저분한 환경이 여러 면에서 사람들에게 생각보다 훨씬 더 큰 영향을 미친다는 다양한 연구 결과가 있다.[1] 미국에서 직장인 1,000명을 대상으로 실시한 조사에서는 응답자 중 90%가 어지러운 환경으로부터 부정적 영향을 받는다고 답했다. 지저분한 업무 공간에서는 생산성이 떨어지고 부정적인 기분이 들며, 동기가 약해지고 행복감이 감소한다는 것이었다.

게다가 온갖 물건으로 어질러진 환경은 건강에도 악영향을 미친다. UCLA의 과학자들은 주변에 너무 많은 물건이 놓여 있으면 주요 스트레스 호르몬인 코르티솔이 증가한다는 연구 결과를 내놓았다.[2] 만성적으로 코르티솔 수치가 높으면 심장 질환과 고혈압, 당뇨 같은 스트레스 관련 질환뿐 아니라 우울증과 불면증 등이 나타나기 쉽다.

지저분한 환경이 뇌에 부담을 준다는 심리학 연구 결과도 있다.[3] 잡동사니가 가득한 환경에서는 뇌가 주변에 널린 것들을 인지하고 처리하기 바빠 현재 해야 할 일에 집중하지 못한다. 산만하고 불안해지면서 스트레스가 증가하는 데다, 제대로 된 결정을 내리기도 어렵다고 한다.

게다가 지저분한 환경은 개인에게만 나쁜 영향을 미치는 게 아니다. 기업이나 조직에도 악영향을 미친다. 사무실에서 뭔가를 찾느라 몇 시간을 허비한 적이 있지 않은가? 아니면 아예 잃어버린 적은? 직장인 중 거의 절반 정도가 업무와 관련된 중요한 물건을 잃어버린 경험이 1년에 한 번은 있다고 한다.[4] 파일 폴더나 계산기, USB 드라이브, 서류 가방, 노트북, 스마트폰 등 종류도 다양하다.

물건을 잃어버리면 다시 사야 하니 돈이 들고, 왜 잃어버렸을까 자책하면서 스트레스가 쌓인다. 무엇보다 가장 아까운 것은 잃어버린 물건을 찾느라 허비한 시간이다. 그 시간을 다 합하면 직장인 1명이 1년에 평균 일주일 동안 일하는 시간과 맞먹는다. 4년이면 한 달이 되는 셈이다. 이러한 생산성 손실을 현금으로 환산하면 미국에서만 연간 890억 달러에 육박한다. 상위 5개 글로벌 기업의 수익을 합한 것보다 2배 이상 많은 금액이다.

충격적인 수치지만 부정할 수 없는 현실이다. 지저분한 업무 환경이 발휘하는 영향력은 이처럼 의외로 파괴적이라 할 수 있다. 하지만 걱정할 필요 없다. 이 모든 문제는 정리 한 방으로 해결되니까.

—— 책상 한번 정리했을 뿐인데
　　직장 생활이 달라졌다

대학교를 졸업한 후, 나는 한 채용업체에서 사회생활을 시작했다. 그런데 취직했다는 기쁨은 오래가지 않았다. 모든 것을 처음 경험하는 신입 사원이니 힘든 게 당연하지만, 실적은 호전될 기미가 아예 없는 것 같았다. 같은 해 입사한 직원 15명 중 내 실적은 언제나 뒤에서 3등이었다.

아침 일찍 사무실에 도착해 고객들과 약속을 잡으려고 몇 시간 동안 통화를 했고, 간신히 잡은 약속을 지키는 틈틈이 잠재 고객 명단을 계속 늘려나갔다. 저녁에는 회사 건물에 있는 식당에서 국수 한 그릇을 후루룩 먹고 사무실로 돌아가 자료를 준비했다. 쉬지 않고 일하는 것 같았지만 결과가 나오지 않았다.

그러던 어느 날이었다. 그날도 진 빠지는 홍보 전화를 돌리고 난 후였다. 깊은 한숨을 내뱉으며 전화기를 내려놓자 고개가 절로 푹 떨어졌다. 맥없이 아래를 내려다보다가 난장판이 된 책상을 보고 깜짝 놀랐다. 오래된 상품 판매 목록, 손으로 쓴 계약서, 마시다 만 커피가 담긴 종이컵, 쪼그라든 티백, 꺼내놓은 지 일주일은 지난 물병, 동료들에게 얻은 조언을 마구잡이로 휘갈겨 놓은 종이쪽지, 누군가한테 추천받았지만 읽지 못한 책, 뚜껑이 날아가버린 펜, 서류를 철해두려고 꺼내놓은 스테이플러가 키보드 주변에 나뒹굴고 있었다.

두 눈으로 보고도 믿을 수 없었다. 어떻게 이런 일이 있을 수 있지? 대학교 시절부터 정리 컨설턴트로 일해온 내가 이렇게 되다니? 정리에 자신 있다고 자부하는 나였지만, 직장에 발을 들인 이후로는 일에 쫓겨 정리 컨설턴트 일은 아예 하지도 못했고, 집에서도 정리에 느슨해졌다. 이러니 회사에서도 제대로 정리하지 못하는 것은 당연했다.

다음 날, 나는 아침 7시에 출근해 책상을 싹 정리했다. 수년간 갈고닦은 지식과 기술을 총동원해 1시간 만에 정리를 끝냈다. 그러자 업무 공간이 흐트러진 데 하나 없이 깨끗해졌다. 책상 위에 남은 것이라고는 전화기와 컴퓨터뿐이었다.

정리를 마치자마자 내 판매 실적도 뒤따라 상승했다고 말하고 싶지만, 그렇게 빨리 상황이 달라지지는 않았다. 다만 책상 앞에 앉아 일하는 것이 훨씬 행복해졌다. 회의 직전에 미친 듯이 서류 더미를 뒤지는 일이 사라졌고, 그때그때 필요한 서류를 바로 찾을 수 있었다. 회의가 끝난 후에는 다음 업무를 바로 시작할 수 있었다. 점차 회사에서 성취감을 느끼는 일이 많아졌다.

원래 나는 집 안 정리로 인생을 바꿀 수 있다는 강한 확신이 있었다. 그러다가 회사에서 책상을 말끔히 치운 일을 계기로, 집 안 정리 못지않게 업무 공간 정리도 중요하다는 사실을 깨달았다. 완전히 새것처럼 변신한 책상에 자리를 잡고 앉자 '정리를 통해 더욱 신나게 일할 수 있겠구나' 하는 생각이 들었다.

—— 잠재력을 끌어올리는
정리의 힘

"제 책상이 엉망이라서 정말 창피해요."

어느 날, 직장 동료 리사(Lisa)가 이렇게 털어놓았다. 리사는 나와 같은 층에서 일하고 있었는데, 깔끔해진 내 책상을 보더니 눈을 반짝이면서 어떻게 정리했는지 물어보았다. 자신은 어릴 때부터 정리에 소질이 없었고, 부모님 집은 온갖 물건으로 꽉 차 있다고 했다. 지금 살고 있는 그녀의 아파트도 난장판이 따로 없다고 했다.

"평생 정리는 한 적도 없거니와 정리를 해야 한다고 생각한 적도 없어요."

이런 리사였지만 사무실에서 일하다 보니 자신의 책상이 다른 사람의 책상보다 유독 지저분한 게 눈에 보였던 것이다.

리사의 사례가 그다지 특별한 것은 아니다. 집과 업무 공간의 가장 큰 차이는 '직장에서는 다른 사람들의 시선에 노출된다'는 것이다. 집에서는 옷가지나 책이 온 집 안에 널브러져 있어도 뭐라 할 사람이 별로 없다. 하지만 사무실은 동료들과 함께 쓰는 공간이다 보니, 깔끔한 책상과 지저분한 책상의 차이가 두드러져 보인다.

놀랍게도 이러한 차이가 직장 생활에 미치는 영향은 예상보다 훨씬 더 크다. 몇몇 직원 평가서 조사 결과에 따르면, 업무 공간을 잘 정리할수록 지성과 야망이 넘치는 차분하고 온화한 직원으로 인정받을 가능성이 높다고 했다.[5] 또 다른 조사에서는 많은 응답자가 정리를 잘하는 직원들이 다정하고 부지런하고 친절하며, 자신감 넘치는 사람으로 보인다고 했다. 그뿐 아니라 정리를 잘하는 사람들은 보다 쉽게 신뢰를 얻고, 빠른 시간 내에 승진할 확률이 훨씬 높다는 연구 결과도 있다.

이처럼 좋은 평판이 경력에 중요한 영향을 미치는 것은 물론, 자신이 기대하는 만큼 성장한다는 연구 결과가 계속 나오고 있다. '피그말리온 효과'라는 이론에 따르면 자신에 대한 기대치가 높을수록 그에 걸맞게 자신감이 높아지고, 대체로 더 좋은 실적을 올린다. 이 이론은 선생님의 기대가 높을수록 학생의 성적이 향상된다는 연구에서 비롯되었다. 게다가 업무 환경에도 크게 작용해 직원의 실적이 그들에 대한 기대치에 따라 상승하거나 하락한다.

결국 이러한 연구 결과는 세 가지 개념으로 요약할 수 있다. 첫째, 책상 정리는 개인의 성격과 능력에 대한 기대치를 높여준다.

둘째, 기대치가 높아지면서 자부심과 동기가 향상된다. 셋째, 자부심과 동기가 향상되면서 일에 더욱 몰입할 수 있게 되고, 결과 또한 좋아진다.

이렇게 보면 정리의 힘이 무척 대단한 것 같지 않은가? 리사 역시 내 조언에 따라 업무 공간을 정리하자 판매 실적이 향상되었고, 일에 대한 자신감도 점차 증가했다. 물론 상사한테 칭찬도 많이 받았다. 덕을 본 사람은 그녀만이 아니었다. 나 또한 사내에서 정리 능력을 크게 인정받아 직장 생활의 만족감이 높아졌다.

—— 지저분할수록
더 창의적이라는 편견

"어수선한 책상이 어수선한 정신을 의미한다면 텅 빈 책상은 무엇을 의미하는가?"

천재 물리학자 알베르트 아인슈타인(Albert Einstein)이 남긴 유명한 말이다. 아인슈타인이 정말로 이렇게 말했든 아니든, 그의 책상은 책과 종이 더미에 파묻혀 있었던 것 같다. 파블로 피카소(Pablo Picasso) 역시 온갖 작품에 둘러싸여 그림을 그렸고, 애플 창업자 스티브 잡스(Steve Jobs)는 일부러 자신의 사무실을 지저분하게 만들었다. 사실 업무 공간을 지저분하게 사용하기로 유명한 천재는 너무 많아서 일일이 적자면 손이 아플 정도다. 이에 더해 미네소타대학교 연구자들은 지저분한 업무 환경에서 창의적인 아이디어가 훨씬 더 많이 나온다는 연구 결과를 내놓은 적도 있다.[6]

이런 이야기가 널리 퍼져 있어서인지 사람들은 내게 이런 질문을 종종 던진다.

"책상이 지저분해도 괜찮은 거죠? 창의성을 자극하니까요."

지저분할수록 생산성이 훨씬 높아지는 것 아니냐고? 그렇다면 이 책을 끝까지 읽어야 할지 모르겠다고? 이런 의문이 든다면 이렇게 해보기 바란다. 먼저 업무 공간이나 스튜디오, 사무실 책상에 앉아 있는 자신의 모습을 머릿속으로 그려본다. 지금 책상에 앉아 이 책을 읽고 있다면 주위를 한번 찬찬히 둘러본다. 그러고 나서 다음 질문에 답해보자.

· 지금 여기서 일하는 것이 진정으로 좋은가?
· 매일 이 책상에 앉아 일하는 것이 정말로 신나고 즐거운가?
· 여기서 내 창의력을 100% 발휘하고 있다고 확신하는가?
· 내일도 이 자리로 돌아오고 싶은가?

이 질문들은 스스로 업무 환경을 어떻게 생각하고 있는지 알아보기 위한 것이다. 이 모든 질문에 주저 없이 '그렇다'라는 답이 나온다면 직장에서 느끼는 만족도가 상당히 높다고 할 수 있다. 하지만 그렇기도 하고 아니기도 하다는 모호한 답이 나오거나, 조금이라도 마음이 답답하게 느껴진다면 정리를 시도해보기를 추천한다.

나와 함께 이 책을 쓴 스콧의 설명에 따르면, 지저분한 업무 환경에서 의욕이 감소하는 이유는 이렇다. 첫째, 뇌에 과부하가 걸린다. 주변에 물건이 많을수록 뇌에는 점점 더 심하게 과부하가 걸린다.[7] 이런 상황에서는 자신에게 가장 중요한 것, 다시 말해 의욕을 끌어올리는 것을 찾기 어렵다.

둘째, 물건과 정보, 업무가 넘쳐나 감당하지 못할 정도가 되면 통제력과 선택 능력을 잃는다.[8] 주도적으로 무언가를 시도하거나 결정하지 못해 일에 대한 열정을 잃는다. 설상가상으로 더 이상 통제할 수 없는 상황이라고 느끼면 쓸모없는 것을 점점 더 많이 쌓아두기 시작한다.[9] 동시에 그런 상황을 초래한 자신을 탓하며, 이 사태를 어떻게든 해결해야 한다는 압박감에 시달린다. 결국 정리를 무기한으로 연기하고 잡동사니를 점점 더 많이 쌓아나가는 악순환에 빠지고 만다.

솔직히 말해 티끌 하나 없이 말끔한 책상이 나은지, 혼돈의 도가니 같은 책상이 나은지는 중요한 문제가 아니다. 잠재력을 끌어올리고 열정을 느끼게 만드는 업무 환경이 무엇인지 아는 것이 가장 중요하다. 다시 말해 자신만의 기준을 세우는 것이다.

정리는 그 기준을 알아내는 가장 좋은 방법이다. 그간 나와 함께 집을 정리해온 많은 고객들은 정리 후 단출해진 공간을 보고 나서야 집 안을 장식하고 싶다고 느끼곤 했다. 공간이 텅 빈 후에야 자신이 좋아하는 분위기와 특징을 더하기 시작한 것이다. 이처럼 보통은 깨끗하게 정리한 후에야 자신이 어떤 환경을 선호하는지 알아낼 수 있다.

당신은 정리를 해야 창의성을 좀 더 쉽게 발휘할 수 있는 사람인가? 아니면 지저분한 환경에서 머리가 더 잘 돌아가는 사람인가? 어느 쪽이든 정리를 한다면 그 과정에서 창의성이 폭발하는 자신만의 업무 환경을 만들 수 있을 것이다.

—— '비물리적' 공간 정리를
아십니까

여기서 반드시 기억해야 할 것이 있다. 책상이나 서랍만 정리한다고 업무 공간 정리가 끝나는 것이 아니라는 사실이다. 비물리적인 공간도 그대로 두면 끝없이 어수선해진다. 특히 기술의 발달로 이메일과 파일, 온라인 계정 같은 디지털 잡동사니가 빠른 속도로 쌓인다. 거기에 참석해야 할 많은 회의와 잡다한 업무도 기다리고 있다. 이 모든 것을 통제하는 일은 불가능에 가깝다. 결국 당신의 잠재력을 최대로 발휘하게 하는 업무 방식을 찾아내려면, 물리적 공간뿐 아니라 다른 모든 면을 정리해야 한다.

연구에 따르면 직장에서 한 사람이 이메일을 확인하느라 쓰는 시간이 반나절이고, 열어보지 않은 이메일이 하루 평균 199통에 이른다고 한다.[10] 창의성 리더십 센터(Center for Creative Leadership)는 직장인 중 96%가 쓸데없는 이메일을 확인하느라 시간을 낭비한다고 했다.[11] 또 대부분은 컴퓨터에 설치된 프로그램 중 3분의 1을 한 번도 사용하지 않는다고 한다. 이러한 통계만 봐도 우리가 직장에서 얼마나 많은 디지털 잡동사니에 파묻혀 지내는지 알 수 있다.

다양한 온라인 서비스 계정에 필요한 정보는 어떤가? 인터넷 사용자 1명이 이메일 주소로 등록한 온라인 계정은 평균 130개에 달한다. 그중 몇 개를 구글이나 페이스북 같은 하나의 계정으로 통합해 관리할 수 있다 해도, 아이디와 비밀번호 개수는 여전히 엄청나게 많다. 비밀번호를 잊어버리면 어떻게 될까? 몇 가지 아이디와 비밀번호를 조합해보다가 로그인에 실패해 결국 비밀번호를 바꾼다.

안타깝지만 통계를 보면 이런 일이 반복될 가능성이 매우 높다. 미국과 영국 직장인을 대상으로 한 조사에서는 비밀번호를 잊어버리는 데 따른 생산성 손실 최소액이 직장인 1인당 연간 420달러에 달한다고 한다.[12] 25명이 일하는 회사에서는 총액이 연간 1만 달러를 웃돈다. 누군가 비밀번호를 잊어버릴 때마다 자동 기부되는 '비밀번호 분실 펀드'라도 만들어 그 수익금을 사회복지에 쓰면 어떨까, 하는 생각마저 든다.

회의도 근무시간 중 상당 부분을 차지한다. 사무직 근로자가 비효율적인 회의 때문에 낭비하는 시간은 주당 평균 2시간 39분에 달한다.[13] 고위 간부를 대상으로 실시한 조사에서는 응답자 중 다수가 사내 회의에 불만을 토로했다.[14] 이들은 회의 때문에 생산성과 효율성이 떨어지고, 더 중요한 일을 하지 못하며, 팀

결속도 약해진다고 대답했다. 회사의 이익을 창출하기 위한 회의가 오히려 회사에 해가 된다고 말하는 것이다.

실제로 비생산적인 회의에 소요되는 비용은 연간 3,990억 달러가 넘는다.[15] 여기에 비밀번호 분실 시 발생하는 손해액과 잃어버린 물건을 찾느라 허비한 시간을 금전으로 환산한 89억 달러를 합하면 그 액수가 어마어마하지 않겠는가? 이런 행위에 세금을 부과한다면 정부의 세입이 얼마나 늘어날지 궁금하다.

어수선한 비물리적 공간을 정리하는 자세한 방법은 4장에서 소개할 것이다. 여기서는 직장 생활에서 탁월한 성과를 올리는 데 몇 가지 장애물이 있다는 사실만 기억해두자. 반대로 생각하면 지금보다 훨씬 나아질 수 있는 잠재력이 상당히 크다는 뜻이기도 하다. 책상뿐 아니라 이메일과 파일, 다른 디지털 데이터까지 모두 체계적으로 정리하고, 회의 일정과 다양한 업무를 영리하게 소화한 후 퇴근하는 자신의 모습을 상상해보자. 그렇게만 된다면 하루 중 대부분의 시간을 보내는 직장이 즐거운 공간이 될 수 있다.

—— 정리는 한 사람의
인생을 바꾼다

회사에서 일할 때 한 선배에게 업무 공간 정리법을 가르쳐달라는 부탁을 받았다. 그렇게 시작한 정리 레슨 도중, 선배는 이런 말을 했다.

"나는 돈을 벌기 위해 회사에 일하러 온 거지, 일을 즐기러 온건 아니야. 일은 빨리 끝내고 여가를 즐겨야 인생이 훨씬 더 재밌어지지."

내 선배처럼 생각하는 사람도 있을 것이다. 하지만 내 생각은 조금 다르다. 물론 일이란 돈을 받고 하는 것이기 때문에 그만큼 책임과 부담이 따른다. 여기에 조직에서는 개개인이 해결할 수 없는 일이 많다. 사회 구성원이라는 역할을 수행하고 있는 한, 자신의 행복을 항상 최우선시할 수는 없다. 또 개인적인 공간인 집을 정리하는 것과 달리, 직장에서는 정리를 한다 해서 항상 행복하기만 할 수 없다.

그렇다고 체념한 채 직장 생활을 즐겁게 만들려는 노력조차 하지 않고 의무적으로 일만 한다면, 그것이야말로 괴롭지 않을까? 대부분의 사람들이 집 다음으로 가장 많은 시간을 보내는 곳이 직장이다. 어떨 때는 집보다 직장에서 더욱 많은 시간을 보내기도 한다. 이처럼 일은 인생의 귀중한 일부분이다. 그러니 각자의 직장에서 잠재력을 충분히 활용하며 좀 더 의미 있게 시간을 보내는 편이 바람직하지 않겠는가? 이왕 직장 생활을 할 거라면, 조금이라도 행복해지는 방식으로 일하는 것이 좋지 않을까?

물론 이렇게 이야기하는 사람들도 있을 것이다.

"당신이야 그렇게 말할 수 있겠죠. 하지만 저는 제 일이 싫어요. 제 일을 하면서 설렌다는 건 상상할 수조차 없어요!"

설령 이렇다 해도 정리를 시도해보라고 권하고 싶다. 정리를 하면 자신이 진정으로 원하는 것을 알 수 있고, 바꿔야 할 것이 보이며, 자신을 좀 더 가슴 뛰게 하는 일을 찾을 수 있다. 너무 듣기 좋은 말이라 믿을 수 없다고? 전혀 그렇지 않다. 고객들이 정리를 통해 직장 생활의 많은 부분을 바꾸는 것을 내 눈으로 직접 지켜보았기 때문에 하는 말이다.

한 고객은 책을 정리하다 어릴 적 꿈을 떠올리고는 직장을 그만두고 창업했다. 또 다른 고객은 서류를 정리하다 사업상의 문제를 발견하고 대담한 변화를 꾀했다. 정리를 끝내자마자 자신이 원하는 생활 방식을 깨닫고 일과 삶의 균형을 이룰 수 있는 직장으로 이직한 고객도 있었다. 이 사람들이 뭔가 남다른 점이 있어서 그러한 변화를 이뤄낸 것은 아니었다. 눈앞에 있는 것을 하나하나 살펴보며 불필요한 것은 걷어내고 가장 중요한 것을 찾다 보니 그렇게 됐을 뿐이다.

"제가 꿈꾸던 일이었는데, 지금은 물밀 듯 밀려드는 업무를 따라잡기 벅차서 허우적거리고 있어요. 그저 집에 일찍 가고 싶어 하고요."

"제가 뭘 하고 싶은지 모르겠어요. 다양한 일을 해봤지만 진짜 제가 원하는 것이 뭔지 모르겠어요."

"여기까지 오려고 모든 걸 일에 쏟아부었는데, 지금은 저한테 맞는 길을 걷고 있나 의구심이 듭니다."

자신의 일이나 경력에 이런 회의가 든다면, 지금이 정리를 시작하기 딱 좋은 시기다. 정리는 단순히 물건을 분류하고 치우는 일이 아니다. 한 사람의 인생을 영원히 바꿔놓는 중요한 프로젝트다.

이 책에서 소개하는 정리의 목표는 깔끔하고 말끔한 책상이 아니라 '정리를 통해 자신과 대화를 시작하는 것'이다. 왜 일을 하고 있는지, 어떤 방식으로 일하고 싶은지 파헤쳐보고 자신에게 가치 있는 것을 찾아내야 한다. 이 과정에서 자신의 일 처리 방식이 미래의 목표와 어떻게 연관되는지 알 수 있다.

궁극적으로 정리의 진정한 목표는 최선을 다해 본질에 집중하는 것이다. 이 사실을 기억하며 지금부터 정리를 통해 당신이 꿈꾸던 직장 생활을 만들어나가는 방법을 알아보자.

2장

누구나 할 수 있다,
한 번에 완벽하게
빠르게

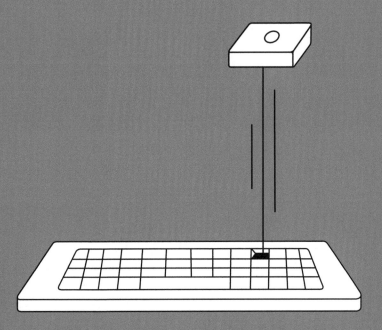

"진짜 책상 정리 좀 하셔야겠어요!"

고객에게 이렇게 소리친 적이 있다. 취직한 지 2년째 되던 해 여름, 나는 채용 서비스 개선 업무를 맡고 있었다. 고객의 회사에 어떤 인재가 필요한지 알아내 해당 직무에 잘 맞는 사람을 소개하는 일이었다. 주로 중소기업 일을 맡았는데, 직원 수가 10명 안팎인 회사에는 대체로 인사 부서가 따로 없다. 이런 경우 나와 접촉하는 사람은 직접 인사 업무를 관리하는 사장이었다.

"너무 바빠서 비서가 있으면 좋겠어요."

어느 날 고객사 사장이 지친 목소리로 말했다. 나는 이렇게 물었다.

"비서를 고용하면 어떤 일을 시키고 싶으신데요?"

"글쎄요. 아, 한 가지는 확실해요. 서류와 필기도구를 정리해 줄 사람이 필요해요. 제가 달라고 하면 즉각 딱 맞는 펜을 건네 줄 수 있는 사람이요. 제 책상도 정리해주면 좋겠어요."

"그건 직접 하실 수 있는 일이잖아요!"

무심코 이렇게 소리쳐놓고 아차 싶었다. 고객에게 얼마나 무례한 소리를 했는지 깨달은 것이다. 게다가 비서가 필요 없다는 식으로 이야기했으니, 영업 실적을 올릴 기회도 날려버렸다! 하지만 사장은 아무렇지도 않은지 계속 말을 이어갔다. 이야기를 들으면 들을수록, 체계화가 그의 강점이 아니라는 사실을 확실히 알 수 있었다. 지저분한 것이 일상인 환경에서 자란 그는 항상 물건을 잃어버렸다. 첫 직장에서는 상사한테 정리에 젬병이라는 소리를 들었는데, 그게 콤플렉스가 되었다.

나는 이야기를 다 듣고 나서 그에게 책상을 보여줄 수 있는지 물어보았다. 책상은 우리가 있는 자리 뒤쪽의 파티션 너머 오른쪽에 있었다. 한번 흘낏 보기만 해도 단번에 사태를 파악할 수 있었다. 평범한 회색 책상이었는데 아슬아슬하게 쌓아 올린 탑 같은 서류 더미와 책 무더기, 우편물 더미가 미래지향적인 마천루를 이루며 책상 중앙의 컴퓨터를 둘러싸고 있었다. 이 무렵 나는 주말에 정리 컨설턴트로 활동하고 있었기에, 그에게 책상 정리 좀 하셔야겠다고 말하지 않을 수 없었다.

그렇게 그 사장과의 정리 레슨이 시작되었다. 정리 레슨은 당연히 근무시간 외에 해야 했기 때문에 아침 일찍 아니면 퇴근 후에 만났다. 몇 차례 레슨이 끝날 무렵 그의 사무실은 깔끔하게 정돈되었다. 정리 효과에 매우 만족한 그가 다른 사업가를 여럿 소개해주면서 내 영업 실적도 급증했다. 그 이후로는 새로운 고객을 만날 때마다 그 사람의 상사 책상을 슬쩍 살펴보게 되었다. 업무상 대화를 하면서 정리에 대한 조언을 조금씩 끼워 넣자, 나도 모르는 사이에 정리 컨설팅 사업 고객이 크게 늘어났다.

솔직히 말하면 내게 정리 레슨을 받은 고객 중 '정리 리바운드 (한번 완벽하게 정리했는데 제자리가 정해지지 않은 물건이 집 안에 넘쳐나는 상태-편집자)'에 빠진 사람들도 있었다. 모든 고객이 정리 레슨을 받은 이후 사무실을 항상 깨끗하게 유지했던 것은 아니다. 그렇다면 정리에 성공한 사람과 그러지 못한 사람의 차이는 무엇일까? 바로 정리를 시작하는 사람의 마음가짐이다.

새로운 자료가 나오고 프로젝트의 내용이 달라지면서 다루는 정보도 자주 업데이트된다. 그러니 서류나 자료가 빠르게 쌓일 수밖에 없다. 한번 책상을 정리해도 계속 쏟아지는 정보를 그때

그때 제대로 파악해야 정리된 상태를 유지할 수 있다. 그러자면 먼저 정리를 하고 싶은 이유를 알아야 한다.

한번에 정리에 성공한 사람은 대부분 자발적으로 계속 정리를 했다. 그들은 처음부터 자신이 어떤 사람이 되고 싶은지, 어떤 생활 방식을 원하는지 분명하게 알고 정리를 시작했다. 이와는 대조적으로 자기가 무엇을 하는지도 모르고, 더 나쁘게는 정리를 대신 해줄 사람이 있을 거라고 기대하며 정리를 시작하는 이들이 있다. 이런 사람들은 정리에 성공했다 해도 다시 어지르기 일쑤다.

그렇다면 질문을 던져보겠다. 당신은 왜 정리를 하고 싶은가? 업무 실적을 높이거나 스트레스를 해소하고 싶어서? 그것도 괜찮다. 하지만 정리 도중 의욕을 잃지 않으려면 좀 더 정확한 이유를 알아야 한다. 그러니 정리를 통해 얻고 싶은 효과를 구체적으로 생각해보자.

── 당신이 꿈꾸는
     직장 생활은 무엇입니까

직장에서 보내는 하루를 구체적으로 그려보면서 자신이 어떤 직장 생활에 설레는지, 일에서 중요하게 여기는 가치는 무엇인지 스스로 생각해보는 것이 정리의 첫 단계이자 성공을 결정짓는 중요한 요소다.

이 이야기를 할 때면 언제나 정리를 끝낸 고객 미치코(Michiko)가 생각난다. 미치코는 의료용품 제조업체에서 일하는 직원이었다. 정리를 시작하기 전까지만 해도 그녀의 책상에는 언제나 엄청난 양의 종이가 밀푀유 페이스트리처럼 겹겹이 쌓여 있었다. 그랬던 미치코에게 받은 이메일 제목은 '이상적인 직장 생활 만들기 성공!'이었다. 이메일 내용은 이러했다.

아침에 사무실에 도착했을 때 마음이 들떠 있어요. 책상에는 전화기와 화분 하나만 놓여 있죠. 제일 먼저 선반의 지정된 자리에 놓여 있는 노트북과 전선을 꺼내 책상에 올려놔요. 출근길에 사 온 커피를 좋아하는 컵 받침에 내려놓고, 박하 향 방향제를 살짝 뿌리고는 숨을 깊이 들이마신 다음 일을 시작해요. 모든 게 제자리에 있어서 물건을 찾느라 시간 낭비할 일이 없어요. 다 쓴 물건은 금세 제자리에 갖다 놓을 수 있으니까요. 정리를 끝낸 지 두 달이 흘렀지만 아직도 이렇게 아침마다 행복한 기분을 느낄 수 있다니, 믿어지지 않아요.

미치코의 이메일에는 자신의 이상적인 직장 생활을 그리는 데 필요한 모든 비결이 담겨 있다. 그중 하나는 정리를 끝낸 후 자신의 달라진 하루를 한 편의 영화처럼 구체적으로 생생하게 그려보는 것이다. 이때 물리적 환경, 자신의 행동, 감정이라는 세 가지 요건을 반영해야 한다. 먼저 업무 공간이 어떤 모습일지 그려본다. 책상은 깔끔하게 정돈되어 있고, 모든 것이 제자리에 수납되어 있다. 다음에는 사무실에서 무엇을 하는지 생각해본다. 커피를 마시거나 사무실에 상쾌한 향기를 더한다. 마지막으로 이때 기분은 어떤가? 흥분된다거나 성취감이 느껴진다거나 만족스러운 기분을 상상해본다.

직장 생활을 당신이 원하는 대로 만들어가고 싶다면, 앞에서 말한 세 가지 요건을 한 번에 충족시켜야 한다. 하지만 가장 중요한 것은 이상적인 업무 공간에서 느낄 수 있는 감정을 떠올려보는 것이다. 눈을 감고 아침에 직장에 도착한 순간을 상상해본다. 아무것도 떠오르지 않는다면 미치코가 자기 책상 앞에 도착했던 장면을 떠올려보자. 당신이라면 어떤 기분이 들지 생각해본다. 심장이 쿵쾅쿵쾅 뛰는가? 즐거운 기분이 가슴에 따스하게 퍼져나가는 것이 느껴지는가?

감정을 말로 설명하기만 할 게 아니라 그 감정에 따라 달라지는 신체 반응을 구체적으로 떠올려본다. 그러면 본인이 원하는 업무 공간의 모습이 손에 잡힐 듯 확실해진다. 이 상태에서는 현 상태를 유지하고 싶은 욕망이 강해지므로 정리하고 싶은 의욕을 유지하는 데도 도움이 된다.

이때 고려해야 하는 중요한 요소가 하나 더 있다. 바로 시간의 흐름이다. 당신의 하루는 어떻게 흘러가는가? 하루 동안 각각 다른 관점에서 자신의 업무 공간이 어떻게 달라 보일지도 그려본다. 이때는 업무 공간에 색채를 더하는 것부터 좀 더 접근하기 쉬운 서류 보관 장소 만들기에 이르기까지 좀 더 구체적인 다음 단계가 보인다. 결과적으로 정리 의욕이 더욱 커진다.

이상적인 직장 생활 구상은 비물리적 공간 정리에도 필수 요소다. 이메일을 정리할 때는 받은 메일을 정리하는 법과 받은 메일함의 적절한 메일 양을 생각해본다. 시간을 관리할 때는 각각의 업무 수행 시간과 업무 수행 중 느끼는 기분을 떠올려본다. 이렇게 그려낸 이상적인 기준을 생산성과 효율성, 팀원들과의 관계 등 각기 다른 관점에서 살펴본다. 자신이 바라는 이상적인 직장 생활을 확실하게 그려놓고, 그것을 토대로 목표를 설정해야 올바른 마음가짐으로 정리를 시작할 수 있다.

아직 자신이 바라는 직장 생활이 어떤 것인지 모른다면, 이를 알아보는 간단한 테스트가 있다. 아래의 12가지 문항을 읽고 각 문항에 1~5점의 점수를 기록한다. 정답이나 오답은 없다. 마음의 소리를 듣고 솔직하게 답하면 된다.

(1=전혀 그렇지 않다, 2=그렇지 않다, 3=보통이다, 4=그렇다, 5=매우 그렇다)

학구열 점수

1. ___새로운 것을 배우는 게 아주 즐겁다.

2. ___직장에서 도전을 즐긴다.

3. ___나보다 기술이나 전문 지식이 훨씬 뛰어난 사람들과 함께 일하면서 자극을 받는다.

총점 _____

업무 자유도 점수

4. ___융통성 있는 업무 일정을 좋아한다.

5. ___직장에서 속 이야기를 걱정 없이 마음껏 하고 싶다.

6. ___지나친 간섭 없이 적당하다 싶은 방식으로 자유롭게 일하고 싶다.

총점 _____

성취도 점수

7. ___ 돈을 최대한 많이 벌고 싶다.

8. ___ 내 일에 통달하고 싶다.

9. ___ 동료와 고객, 혹은 상사 등과 함께 일하는 사람들한테 칭찬받
는 것을 중시한다.

총점 _____

타인과의 관계 점수

10. ___ 직장에서 진정한 우정을 우선시한다.

11. ___ 직장에서 다른 사람 돕기를 좋아한다.

12. ___ 독립적으로 일하는 것보다 동료와 긴밀히 협력하며 일하는
것이 더 좋다.

총점 _____

세 문항씩 묶어 점수를 합산한다. 1~3번 문항 점수를 합하고, 4~6번 문항 점수를 더하는 식으로 세 문항당 총점을 계산한다. 처음 세 문항은 학구열을 측정하는 질문이고, 다음 세 문항은 업무 자유도, 그다음 세 문항은 성취도, 마지막 세 문항은 타인과의 관계를 평가하는 질문이다. 각각의 총점은 이 중 어떤 분야를

얼마나 중시하는지 보여준다. 각 분야 총점이 12점 이상이면 그 분야를 매우 가치 있게 여긴다는 뜻이다. 이제 자신이 가장 중요하게 여기는 것이 무엇인지 보이는가? 이 테스트 결과를 활용하면 한층 쉽게 이상적인 직장 생활을 그려볼 수 있을 것이다.

—— 지저분함의
악순환에서 탈출하는 법

"책상을 수백 번은 정리했지만 어느새 또 어질러져요."

정리 리바운드는 내가 상담해주는 사람들이 가장 흔히 겪는 문제다. 정리를 해본 사람이라면 적어도 한 번은 정리 리바운드를 겪었을 것이다. 직장 동료였던 준(Jun)은 자기 책상을 가리키면서 이렇게 말했다.

"전 책상을 상당히 자주 정리해요. 제가 보기와는 달리 정리를 싫어하지 않거든요."

준의 말이 끝나자 나는 깔끔하게 정리된 듯한 책상 위를 대충 훑어보고 나서 눈에 보이지 않는 곳을 점검하기 시작했다. 먼저 서랍을 열어보았다. 보통 서랍장을 열면 사용하지 않는 펜, 오래된 명함, 서류 집게, 지우개, 오래된 립밤과 군것질거리, 각종 영양 식품, 일회용 수저, 종이 냅킨 등이 뒤죽박죽 섞여 있는 경우가 흔하다.

다음에는 의자를 꺼내고 바닥에 웅크려 앉아 책상 아래를 살펴보았다. 그러고는 손을 뻗어 종이 상자와 봉투를 꺼냈다. 대체로 이런 상자에는 옷가지와 신발, 간식은 물론 책과 서류가 가득하다. 준은 깜짝 놀란 표정으로 내 행동을 지켜보았다.

"책상 아래까지 정리해야 한다고요?"

책상 위만 정리한다고 끝나는 게 아니다. 다시는 지저분해지지 않게 정리하고 싶다면 업무 공간에 있는 모든 물건의 자리를 알아야 한다. 어떤 물건을 얼마나 많이 갖고 있는가? 그것들을 어디에 수납하는가? 업무 성격상 계속 늘어나는 물건은 어떤 종류인가? 그렇게 늘어난 물건은 어디에 수납할 것인가? 이 모든 것을 확실하게 파악했을 때 정리를 끝냈다고 할 수 있다.

물건은 카테고리별로 분류한 뒤 한 번에 싹 정리해야 한다. 오늘은 책상 위를 정리하고, 첫 번째 서랍장은 내일, 다른 서랍장은 그다음 날 정리하는 식으로 시간 날 때마다 조금씩 정리하면 절대 질서 있게 정리하지 못한다. 정리의 첫 단계는 정리 시간을 따로 정해두는 것이다. 그런 다음 모든 물건을 카테고리별로 모아 남길 것과 버릴 것을 결정한다. 그 후에는 남길 물건을 어디에 수납할지 정한다. 이런 단계를 차근차근 밟아나가야 제대로 정리할 수 있다.

물리적 공간과 비물리적 공간의 카테고리별 정리법은 3장에서 자세히 설명한다. 여기서는 물건을 카테고리별로 빠르고 완벽하게 분류해 한 번에 정리하는 것이 성공 비결이라는 사실만 염두에 두자.

말이 쉽지 실천하기는 어렵겠다고? 하지만 걱정하지 마라. 업무 공간 정리는 집 정리보다 훨씬 간단하다. 대체로 업무 공간은 집보다 훨씬 작아서 물건 종류가 적기 때문에 남길 물건을 골라내 수납 장소를 정하기가 수월하다. 그렇다 보니 정리 시간도 훨씬 짧다. 곤마리 정리법으로 집을 정리한다면 살림살이가 별로 없이 혼자 사는 사람은 최소 3일, 가족이라면 살림살이 규모에 따라 일주일에서 몇 달까지 걸린다. 하지만 책상 정리는 평균 5시간이면 충분하다. 업무 유형에 따라 3시간에 끝낼 수도 있다. 개인 사무실이 따로 있는 사람도 대개 10시간이면 정리가 끝난다. 그러므로 이틀만 시간을 내면 물리적 업무 공간을 모두 정리할 수 있다.

시간을 내기 힘들어 5시간을 한꺼번에 뺄 수 없다면 몇 차례로 나눠 정리해보자. 내 고객들은 주로 업무 시작 전 2시간씩 빼서 세 차례에 걸쳐 정리를 끝낸다. 이때 각 정리 시간의 간격이 짧을수록 정리가 빨리 끝난다. 그러므로 여유 시간이 별로 없어 짬짬이 정리할 수밖에 없다면, 가급적 간격을 줄여 강도 높게 정리하는 게 좋다. 정리 시간 간격이 길어지면 또다시 새롭게 정리를 시작하는 셈이 되므로 아까운 시간만 낭비하고 효율성도 떨어진다.

'빠르고 완벽하게 한 번에' 정리한다는 말은 한 달 내에 정리를 끝낸다는 뜻이다. 그렇게 오래 끌어도 괜찮은 거냐면서 놀라는 사람들도 있다. 하지만 지저분한 책상을 참고 견딘 오랜 세월에 비하면 한 달은 긴 시간이 아니다. 하루 이틀 내로 정리를 끝낸다면 좋겠지만, 그보다 오래 걸려도 괜찮다. 무엇보다 마감 시한을 정해두는 게 가장 중요하다. 예를 들면 이달 말까지로 마감 시한을 잡아놓고 정리 시간을 구체적으로 정하는 식이다. 다시 강조하지만 시간 날 때마다 정리하겠다고 생각하면 절대 정리를 끝내지 못한다.

한 번에 모든 물건을 분류해서 남길 것과 버릴 것을 결정하고, 남길 물건의 자리를 정해야 한다. 업무 공간에 있는 모든 물건이 각각 어디에 있는지만 알면, 늘어나는 물건도 제자리에 놓아둘 수 있다. 이를 통해 업무 공간을 깨끗하게 유지할 수 있는 것이다. 적절한 정리법만 배우면 누구든 다시는 정리 리바운드에 빠지지 않을 수 있다.

—— 무엇을 버리고
무엇을 남길 것인가

어떤 물건을 남길지 혹은 버릴지 고민될 때는 스스로에게 이 물건이 '설레는 것'인지 질문을 던져보라고 조언한다. 설레는 물건 찾기는 곤마리 정리법의 핵심이다. 또 개인적이고 사적인 공간 정리에 가장 효과적이면서도 간단한 도구이기도 하다. 그래서 집 안 정리를 컨설팅할 때는 모든 물건을 손에 쥐어본 다음, 설레는 것만 남기고 나머지는 버리라고 권한다.

그럼 업무 공간을 정리할 때는 어떨까? 계약서와 회의록 등은 일반적으로 열정을 불러일으키는 것은 아니지만 쉽사리 버릴 수 없다. 테이프와 스테이플러, 서류 절단기 같은 물품 역시 맘에 들지 않아도 함부로 버리기 어렵다. 주변을 쓱 둘러보니 책상도 별로, 의자도 별로다. 사무실 공용 공간에 있는 티슈조차 확 와 닿는 게 없다. 주위를 둘러보면 볼수록 설레는지 아닌지로 버릴 것과 남길 것을 구분하는 게 불가능한 듯 느껴진다. 하지만 정리 열정 식어버리기 전에 원점으로 돌아가보자.

정리를 하고 싶은 근본적인 이유는 무엇인가? 어떤 직장 생활을 꿈꾸든 최종 목표는 똑같다. 즐겁고 행복한 직장 생활이다. 이를 실현하기 위해 반드시 간직해야 하는 것은 세 가지다. 첫 번째는 좋아하는 펜과 좋아하는 디자인의 메모지, 혹은 사랑하는 사람의 사진처럼 개인적으로 영감을 주는 것들이다. 두 번째는 스테이플러나 튼튼한 박스 테이프처럼 업무에 도움이 되는 기능적인 물건으로 자주 사용하는 것들이다. 특별히 설레는 게 아니라도 이런 것들이 있으면 일상적인 업무를 훨씬 쉽게 처리할 수 있다.

세 번째는 자신의 성장을 보장해주는 것들이다. 예를 들어 그다지 흥미 없는 프로젝트 관련 서류라도 성실하게 작성해서 끝내놓으면 경력에 플러스가 된다. 이러한 성실성은 신뢰받고 싶어 하는 사람에게 커리어의 성장을 보장해준다.

그러므로 이 세 가지 카테고리를 기억해두자. 그 자체로 영감을 주는 것과 기능적이라 마음이 끌리는 것, 미래의 성장을 보장해주는 물건을 남기는 것이다. 이것이 업무 공간에 남길 물건을 고르는 기준이다. 지금 제시한 기준이 당신의 업무에 적용되지 않는다 싶으면 다른 기준을 정해도 좋다. 내 고객들 중 한 CEO는 '회사의 번영에 도움이 되는 것인가'라는 기준을 정했고, 한 은행원은 '앞으로가 기대되는 것인가' 여부를 자문했다.

무엇보다 손안에 든 것이 업무에 긍정적인 영향을 미치는지 여부가 가장 중요하다. 정리의 근본적인 목적은 물건을 버려 책상을 깨끗이 치우는 것이 아니라 열정이 가득한 직장 생활, 잠재력과 생산성을 넘치도록 발휘하는 일터를 만드는 것임을 기억하기 바란다.

통계에 따르면 사람들의 생각은 긍정적인 감정보다 부정적인 감정에 크게 좌우된다.[16] 영국에서 감정을 표현하는 558개 단어를 조사했는데, 그중 62%가 부정적인 단어였고, 긍정적인 단어는 38%밖에 되지 않았다. 또 다른 연구에서는 7개국(벨기에, 캐나다, 영국, 프랑스, 이탈리아, 네덜란드, 스위스) 참가자로 하여금 5분 안에 생각나는 감정을 최대한 많이 적어보게 했는데, 부정적인 감정이 긍정적인 감정보다 훨씬 많았다. 가장 많이 등장한 감정 중 7개국 참가자 모두가 기록한 감정은 네 가지였는데, 그 가운데 세 가지가 '슬픔', '분노', '두려움'이라는 부정적인 감정이었다. 7개국 참가자 모두가 기록한 긍정적인 감정은 '기쁨'뿐이었다.

일상에서도 부정적인 경험이 긍정적인 경험보다 더욱 강하게 두뇌에 남는다. 그간 다른 사람들이 정리하는 것을 도우면서 발견한 패턴이 있다. 대부분의 사람들이 자기가 싫어하는 물건만 버리고 싶어 한다는 것이다. 하지만 싫어하는 것을 버렸다고 해서 정말 중요한 것을 저절로 찾을 수 있는 것은 아니다. 그러므로 정리를 할 때는 좋아하는 것에 집중해 긍정적인 면을 봐야 한다. 그러면 진정으로 정리를 즐길 수 있다.

—— 최고로 몰입할 수 있는 환경 만들기

조용한 사무실에서 손가락으로 키보드 두드리는 소리, 한창 정리 레슨 중인 나와 고객의 말소리만 울려 퍼진다.

"이게 영감을 주는 물건인가요?"

"네."

"이건 중요한 거예요?"

"아뇨, 이젠 필요 없어요."

"이 서류는요?"

"아, 그건 지난주에 그만둔 직원에 관련된 서류예요. 문제가 좀 있었죠."

고객이 속삭였다.

이 고객과 진행한 정리 레슨에서 중요한 사실을 깨달았다. 처음으로 기업 임원들에게 정리법을 가르치던 무렵이었는데, 조용한 사무실에서 정리 레슨을 하면 상당히 시끄러울 수 있다는 것이었다. 이 고객은 다른 직원들에게 방해가 될까 봐 편하게 이야기하지 못했다.

업무 공간을 정리할 때는 집중할 수 있는 환경을 만드는 것이 중요하다. 다른 사람들이 신경 쓰인다면 정리 시간이 중요한 문제가 된다. 휴일에 업무 공간을 정리할 수 있거나 자기 사무실이 있다면 정리 시간을 정하는 게 훨씬 쉽다. 하지만 다른 직원들과 함께 쓰는 사무실에서 주중에 정리를 해야 한다면, 다른 사람들에게 방해가 되지 않도록 근무 시작 전이나 퇴근 후로 정해야 할 수도 있다. 나는 주로 고객들이 근무를 시작하기 전인 오전 7시에서 9시까지 레슨을 했다.

근무 시작 전에 정리를 하면 좋은 점이 많다. 9시부터는 일을 시작해야 하기 때문에 집중해서 효과적으로 정리할 수 있다. 게다가 아침이라 아직은 기운이 좋아서 좀 더 긍정적인 태도로 즐겁게 정리에 임할 수 있다. 결과적으로 남길 것과 버릴 것을 고르는 일도 한층 순조로워진다. 이런 이유로 나는 지난 수년 동안 고객들에게 업무 공간을 정리하기에 가장 좋은 시간은 이른 아침이라고 조언하곤 했다.

그런데 최근 생각이 달라졌다. 다른 여러 나라에 정리법을 소개하면서 새로운 경험을 했기 때문이다. 일본에는 야근하는 사람들이 많아서 퇴근 시간 후에도 집중해서 정리하기가 힘들다. 하지만 많은 미국 기업에서는 저녁 6시 이후 사무실에 남아 있는 사람이 거의 없다. 금요일에는 오후 3시쯤부터 직원들이 사무실을 빠져나간다. 그렇기 때문에 퇴근 시간 후 정리에 집중할 수 있다.

또 다른 차이점도 있었다. 미국인은 대부분 근무시간에 누군가 시끄럽게 정리를 해도 별로 신경 쓰지 않는다고 했다. 나는 진짜로 그런지 궁금해서 이렇게 물어보았다.

"칸막이 하나 없이 탁 트인 데다 아주 조용한 사무실에서도요?"

역시나 신경 쓰지 않는다는 대답이 돌아왔다. 사무실에서 조용조용하게 정리하는 법을 지난 수년간 연구했는데, 미국에서는 그게 그다지 필요하지 않았던 것이다. 일본에서는 다른 사람들의 생각을 살피고 남에게 폐를 끼치지 않아야 예의 바르다고 여긴다. 물론 대부분의 다른 나라에서도 마찬가지일 것이다. 여기서 기억해야 할 것은 남에게 폐를 끼치는 행동이 무엇인지는 나라마다 다르다는 사실이다.

정리에 가장 중요한 요건은 편안하게 정리에 집중할 수 있는 환경이다. 경우에 따라 사무실에 사람들이 별로 없을 때가 편할 수도 있고, 직장 동료들에게 보여주면서 정리하는 것이 편할 수도 있다. 아니면 동료들에게 같이 정리하자고 권할 수도 있다. 가능하다면 모든 직원이 동시에 정리하는 편이 좋다.

내가 아는 한 출판업자는 연말에 하루를 '책상 정리의 날'로 정했다. 그런데 놀랍게도 전 직원이 같이 업무 공간을 정리하자 회사 상황이 호전되었고, 조직 분위기도 좋아져 베스트셀러를 무더기로 쏟아냈다. 정리는 관련된 모든 사람의 업무 효율성을 높여주고 긍정적인 태도를 길러준다. 그러니 업무에서도 좋은 결과가 나오는 것은 당연하지 않을까? 회사의 모든 직원이 동참하지는 못한다 해도, 같은 부서나 팀 구성원이 함께 정리를 한다면 이 또한 조직의 성과를 높일 수 있다.

—— '축제의 정리'를
시작하라

　기업 임원들을 대상으로 정리 레슨을 시작하자 점점 더 바빠졌다. 평일에는 오전 7시에서 9시까지 정리 레슨을 했고, 9시 30분부터는 회사 일을 시작해 저녁 늦게까지 업무에 몰두했다. 주말에는 집 정리 레슨을 했다. 그러다 보니 직장 동료들과 대화할 때도 주말에 고객의 부엌 정리를 도와주었다거나, 아침에 고객의 서류를 쓰레기봉투 4개에 꽉꽉 채워서 버렸다는 이야기가 자연스럽게 나왔다. 오래지 않아 내가 정리 컨설팅을 한다는 소문이 회사 전체에 퍼졌고, 나에게 정리 레슨을 받고 싶다는 직장 동료나 상사가 점점 더 많아졌다.

　나는 하루하루를 충만하고 만족스럽게 보냈지만, 정리가 직업이 될 줄은 꿈에도 몰랐다. 고마워하는 직장 동료들에게 밥 한 끼 얻어먹거나 회사 외부 고객에게 돈을 받고 레슨을 해주었지만, 부업으로만 생각했지 본업으로 삼을 생각은 없었다.

　그런데 어느 날, 레슨을 마치고 완벽하게 정리된 고객의 책상을 보고 있을 때 고객이 이렇게 말했다.

　"이 정리법을 모두에게 알려야 해요. 이런 일을 할 수 있는 사

61

람은 당신뿐이잖아요."

이 말을 듣는 순간 내가 많은 사람들이 정리를 잘할 수 있게 돕고 싶어 한다는 것을 깨달았다. 그 길로 정리 컨설팅 사업을 구상했고, 결국 직장을 그만두고 전업으로 뛰어들었다.

이후 상당히 오랫동안 정리 컨설턴트로 일하면서 정리에 대한 오해가 많다는 것을 깨달았다. 정리란 매일 해야 하는 고된 일이라고 생각하는 이들이 많았다. 이 책을 읽는 독자 중에도 그렇게 생각하는 사람들이 있을지도 모르겠다. 하지만 정리에는 '일상의 정리'와 '축제의 정리', 두 종류가 있다. 일상의 정리는 하루 동안 사용한 물건을 제자리에 돌려놓고 새로 생긴 물건의 자리를 정해주는 것이다. 반면 축제의 정리란, 가지고 있는 모든 물건을 살펴보고 현재 자신의 삶에서 진정으로 중요한 것을 찾아 자신만의 방식으로 정리하는 것이다. 비교적 짧은 시간에 집중적으로 완벽하게 정리하는 것이 특징이다.

일상의 정리와 축제의 정리 모두 중요하지만, 축제의 정리가 내 인생에 가장 큰 영향을 미쳤다는 사실만은 의심의 여지가 없다. 그렇기 때문에 어떻게 매일 정리를 할지 고민하기 전에 축제의 정리를 끝내는 것이 좋다. 만약 업무 공간에서 축제의 정리를 하고 싶으면, 물리적 공간뿐 아니라 비물리적 공간까지 정리해야 한다. 이런 공식은 물리적 공간 정리뿐 아니라 4장에서 소개할 디지털 데이터나 네트워크 등 비물리적 공간을 정리하는 데도 동일하게 적용된다. 예를 들면 이메일 정리는 받은 메일함에 있는 모든 종류의 메일을 살펴보는 것이고, 시간 정리는 각 활동에 소비할 시간을 정하는 것이다. 이 과정에서 무엇을 얼마나 가지고 있는지가 완벽하게 그려진다. 그 후에는 카테고리별로 살펴보며 남길 것을 고르고 우선적으로 처리할 일을 결정해야 한다.

한 번에 제대로 정리해서 깔끔하게 질서 잡힌 업무 공간을 즐기고 나면, 그 즐거움이 온몸의 세포에 각인된다. 그러면 그 느낌을 다시 맛보기 위해 업무 공간을 항상 깨끗하게 유지하고 싶어진다.

자, 이제 시작해보자. 자신에게 열정을 부여하는 직장 생활을 마음속으로 생생하게 그려보자. 그런 다음 이상을 현실로 만들어주는 축제의 정리를 시작하자. 올바른 방법으로 정리를 실천하다 보면 정돈된 공간에서 마음껏 일하는 즐거움을 맛보게 될 것이다.

3장

성과를 끌어올리는
가장 간단한 기술_
업무 공간 정리하기

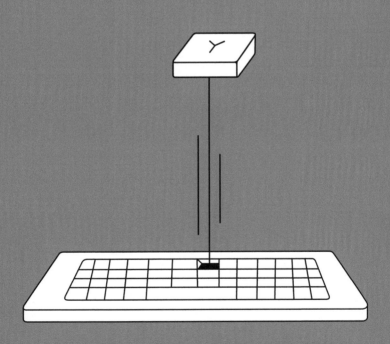

사무실, 연구실, 작업실 등 물리적인 업무 공간을 정리하는 데도 단계가 있다. 자기 책상 하나만 달랑 있는 곳이든, 독립된 개인 사무실이든 곤마리 정리법의 기본 단계는 동일하다. '자신이 온전히 책임지는 공간만 정리해야 한다'는 것이다. 다시 말해 자기 책상부터 정리하기 시작해야 한다는 뜻이기도 하다. 이는 가장 기본적인 원칙이다. 물품 보관함이나 휴게실, 회의실 같은 공용 공간은 마음에 쏙 들 정도로 깔끔하지 않더라도 내버려둔다.

재택근무를 하고 있다면 업무 관련 물품과 개인 물품을 분리해야 한다. 우선 업무와 연관된 서류와 책만 찾아내 집중적으로 정리하고, 나머지 개인 서류와 서적은 나중에 따로 '집 정리의 날'을 정해 말끔히 정리한다.

개인 스튜디오나 작업장의 경우에도 원칙은 똑같다. 다만 물건이 많으면 정리 시간이 길어질 수 있다. 업무 공간이 커다란 차고만 한지, 선반에 도구와 부품이 가득한지, 생산품이나 공예품을 대량으로 보유하고 있는지 등에 따라 시간이 달라진다.

정리 순서도 중요하다. 집 안이라면 주로 옷부터 정리하고, 점점 난도를 높여 책과 서류, 다양한 소품, 추억의 물건 순으로 정리하라고 조언한다. 남길지 버릴지 결정하기 가장 쉬운 것부터 난도를 높이며 정리해야 하는 이유가 있다. 그래야 남길 것과 버릴 것을 고르는 능력과 수납 장소를 결정하는 능력이 향상되기 때문이다. 업무 공간이라면 의류를 건너뛰고 바로 책과 서류, 소품, 추억의 물건 순으로 정리한다.

이 모든 카테고리의 물건을 정리하는 규칙은 동일하다. '한 번에 한 가지 카테고리씩' 정리하는 것이다. 각각의 카테고리나 하위 카테고리에 속하는 모든 물건을 꺼내 한곳에 쌓아둔다. 예를 들어 소품의 하위 카테고리인 펜을 정리하려면 서랍장과 펜꽂이에 있는 펜을 모두 꺼내 책상 위에 올려놓는다. 그러고 나서 간직할 것을 고른다. 이런 식으로 정리하면 카테고리별로 얼마나 많은 물건을 갖고 있는지 명확하게 알 수 있고, 비슷한 물건끼리 비교하기 쉬워 버릴지 남길지 결정하기도 한층 수월해진다. 또 카테고리별로 물건을 수납하는 다음 단계도 훨씬 쉽게 끝낼 수 있다.

전체 카테고리에서 남길 것을 다 골라낸 후 수납을 하거나, 하나의 카테고리에서 의욕과 동기를 높여주는 물건을 찾아내 바로 수납하고 다음 카테고리로 넘어갈 수도 있다. 이러한 기본 원칙을 파악했다면 카테고리별로 정리를 시작하면 된다. 그럼 지금부터 당신의 업무 공간을 점거하고 있는 다양한 물건을 하나씩 정리해보자.

—— 책 정리 :
나만의 가치를 발견하는 과정

언젠가는 읽으려고 놔둔 베스트셀러, 회계 공부를 하려고 사둔 책, 누군가에게 선물 받은 책, 회사에서 나눠준 비즈니스 저널 등 어떤 유형의 책이 업무 공간을 차지하고 있는가? 도움이 되는 책들을 책상이나 선반에 놓아두면 영감이나 안정감을 얻을 수 있다. 책을 읽으면 동기부여가 되고, 설령 읽지 않고 전시만 해둬도 일하는 공간에 개성을 더할 수 있다. 그런데 실제로는 완전히 잘못된 목적으로 책을 수납해놓기 일쑤다.

어느 고객의 사무실 책장에는 읽지 않은 책이 가득 꽂혀 있었다. 몇 권인지 헤아려보자 50권이 넘었고, 그중 절반 이상은 2년 넘게 책장에 묵혀둔 것이었다.

"다음 휴가 때 많이 읽을 거예요."

고객은 이렇게 단언했다. 하지만 다시 만났을 때 중도에 포기했다는 말을 듣고도 나는 놀라지 않았다. 그 고객이 그나마 용케 다 읽은 책은 대부분 최근에 산 것들이었다.

"책을 사놓고 읽지 않는 게 낭비 같아서 속독으로 해치워버리기로 했죠. 하지만 그렇게 하니까 의무감에서 억지로 읽는 것 같아 전혀 즐겁지 않았어요. 그게 오히려 더 시간 낭비 같아서 읽지 않은 책은 대부분 처분하기로 마음먹었어요."

결국 이 고객은 신중하게 고른 15권만 사무실 책장에 남겨두었다. 책도 사람처럼 최고의 전성기가 있기 때문에 잘 팔릴 때 읽어야 제맛이다. 그런데 그 시기를 놓치고 묵혀두는 경우가 흔하다. 당신은 어떤가? 한물간 책이 사무실 책장에 꽂혀 있진 않은가?

책 역시 정리할 때는 모두 한곳에 모아놓고 시작한다. 그냥 책장에 꽂은 채 제목을 훑어보면서 남길 책을 고르는 게 낫겠다는 생각이 들더라도 제발 그러지 말길 바란다. 책장에 너무 오랫동안 묵혀뒀던 책은 배경의 일부가 되어 눈에 띄지 않기 때문이다. 바로 눈앞에 두고도 알아보지 못한다. 그 상태에서는 당신에게 영감과 아이디어를 주는 책이 무엇인지 고르기도 어렵다. 한 권 한 권 꺼내 손에 쥐어봐야 독립적인 개체로 보인다.

아무리 봐도 뭐가 설레는 책인지 모르겠다면 이렇게 자문해보자. 이 책을 언제 샀지? 몇 번이나 읽었지? 다시 읽고 싶은 건가? 아직 읽지 않은 책은 처음에 어떤 마음으로 구매했는지 생각해본다. 그 기억을 떠올려보면 여전히 필요한 책인지 결정하기 쉬워진다. '언젠가' 읽으려는 책은 읽을 날짜를 정해놓는 것이 좋다. 의식적으로 읽으려고 노력하지 않으면 그 '언젠가'는 절대 오지 않으니까 말이다.

당신의 인생에서 어떤 역할을 하는 책인지도 자문해봐야 한다. 설렘을 주는 책은 읽고 또 읽어도 동기를 부여하며 기운을 북돋아준다. 또 그저 보기만 해도 행복해지는 책, 최신 정보를 알려주는 책, 업무 수행에 도움이 되는 책이 남겨야 할 책이다. 이와는 대조적으로 충동적으로 구매한 책이나 남에게 깊은 인상을 주고 싶어서 산 책, 선물 받았지만 읽을 것 같지 않은 책은 사거나 받은 순간 그 목적을 다했다. 이런 책은 한때 즐거움을 주었다는 것에 감사하며 손에서 놓아야 한다.

마지막으로 서점에서 본다면 지금이라도 구매할 책인지, 아니면 한물가서 흥미가 떨어지는 책인지 자문해본다. 돈을 주고 구매한 책이라고 다 읽어야 하는 것은 아니다. 누군가가 읽기도 전에 목적을 다한 책이 많다. 특히 동시에 구매한 동일한 주제의 책이 그렇다. 이런 책과는 구매한 그 순간 설렘을 준 것에 감사하고 작별 인사를 해야 한다.

다시 강조하지만 아무 생각 없이 책을 버리라고 강요하는 것이 아니다. 갖고 있는 책과 자신의 관계를 보다 잘 이해할 수 있는 질문을 던져보라는 것이다. 거기서 얻은 깨달음은 오랜 시간 간직할 만한 책을 찾는 데 도움이 된다.

가끔 책을 몇 권 갖고 있는 것이 정리에 도움이 되는지 물어보는 사람들이 있는데, 당연히 정해진 수는 없다. 책이든 다른 물건이든 적당하다 싶은 양은 개인마다 다르다. 정리가 주는 가장 큰 혜택은 '자신만의 기준'을 알 수 있다는 것이다. 가슴을 뛰게 하는 책이라면 갖고 싶은 만큼 가지는 게 정답이다.

하지만 직장에서 공간은 종종 한정되어 있다. 책이 너무 많아서 이상적인 직장 생활과 거리가 멀어지는 것 같다면 이때는 보유한 도서량을 조정해야 한다. 회사 내 정해진 장소에 수납할 수도, 집에 가져가거나 중고 서점에 팔 수도 있다. 또는 학교와 도서관, 병원 등에 기부할 수도 있다.

책 정리는 강력한 자기 발견 수단이다. 설렘을 주는 책은 개인적인 가치가 담겨 있기 때문에 간직한다. 내 고객이었던 엔지니어 켄(Ken)은 '더욱 효과적으로 일할 수 있는 질서 잡힌 업무 공간'을 목표로 삼고 정리를 시작했다. 이상적인 직장 생활을 묘사해보라고 했을 때, 그는 잘 모르겠다면서 그저 집에 일찍 가면 좋겠다고 했다.

그런데 책을 정리하면서 자기 계발서가 무척 많다는 사실을 발견했다. 그중에서도 보다 충만한 삶을 살아가는 법과 업무 열정을 높이는 노하우에 관련된 도서가 많았다. 이는 켄이 일을 보다 즐기고 싶어 하고, 업무에 최선을 다해 자신이 믿는 만큼 성장하고 싶어 한다는 증거였다. 켄은 책을 정리하며 자신이 원하는 가치를 깨달았고, 일에 대한 사랑과 열정을 되찾을 수 있었다. 이렇듯 정리는 진정한 자기를 찾아 나서는 항해와 같다.

—— 서류 정리 :
전부 버린다는 각오로 살펴보기

책 다음은 서류 정리다. 서류는 정리하는 데 시간이 가장 많이 걸린다. 스마트폰과 태블릿이 널리 보급되어 종이 자료가 급격하게 감소한 요즘에도 사람들은 여전히 많은 서류를 처리하곤 한다.

서류는 대체로 모두 버리길 권한다. 이렇게 말하면 고객들은 항상 놀란 표정을 지우지 못한다. 물론 한 장도 남겨두지 않고 몽땅 버려야 한다는 말이 아니다. 다만 그 정도로 강하게 각오를 다져야 반드시 필요한 것만 남기고 나머지를 버릴 수 있다는 뜻이다. 업무 공간에서 자기도 모르는 사이에 쌓이는 서류보다 더 성가신 것은 없다. 서류는 아주 얇아서 아무 생각 없이 자꾸 쌓아두게 된다. 그런데 서류를 정리할 때는 내용을 일일이 확인해야 하기 때문에 시간이 많이 걸린다. 엎친 데 덮친 격으로 서류가 쌓이면 쌓일수록 특정 서류나 보고서를 찾기도, 이를 정리하기도 훨씬 더 힘들어진다. 그렇기 때문에 서류를 정리할 날짜를 따로 정해 달력에 표시해두는 것이 좋다.

다른 물건을 정리할 때와 마찬가지로 서류도 한곳에 모아놓고 하나하나 살펴본다. 서류는 영감을 주는지 아닌지로 정리할 수 없는 품목이다. 대신 내용을 확인해야 한다. 봉투에 든 서류도 꺼내서 한 장 한 장 다 확인해야 홍보 팸플릿이나 쓸모없는 자료가 섞여 있는지 알 수 있다.

내용을 대강 훑어보면서 카테고리별로 분류하면 좀 더 빠르고 쉽게 정리할 수 있다. 서류는 세 가지로 분류할 수 있다. '미결 서류'와 반드시 남겨야 하는 '필수 보존 서류', 남기고 싶은 '희망 보존 서류'다. 먼저 미결 서류는 미지불된 청구서와 검토해야 하는 프로젝트 기획안처럼 처리해야 하는 서류를 말한다. 이런 서류를 모두 모아 세로형 서류꽂이에 세워 수납하면 다른 서류들과 섞이지 않는다.

이번에는 필수 보존 서류를 정리해보자. 특정 보고서와 계산서, 계약서, 그 밖의 서류들은 당신이 느끼는 감정과는 상관없이 업무를 위해 일정 기간 보관해야 한다. 그러므로 서류 정리함이나 클리어 파일에 카테고리별로 분류해서 수납하는 것이 좋다. 원본을 보관하지 않아도 되는 서류는 스캔해서 저장해둔다. 이때 서류를 분류하는 동시에 스캔하기보다는, 스캔할 서류를 따로 묶어놓았다가 한 번에 스캔하는 것이 더 효율적이다. 이 부분에 대해서는 4장에서 더욱 자세히 설명할 것이다.

마지막으로 나름의 이유가 있어서 남겨놓고 싶은 희망 보존 서류를 정리할 차례다. 참고 자료로 삼거나 보기만 해도 열정과 의욕을 느끼게 해줘서 보관하고 싶은 서류가 있다. 이런 서류를 보관할지 말지는 전적으로 본인의 판단에 달려 있다. 하지만 '그냥 갖고 있고 싶어서' 버리지 못하면 다시금 어질러지는 정리 리바운드에 빠진다. 서류 정리의 기본 규칙은 '전부 버리는 것'임을 잊지 말아야 한다.

예전에 함께 정리 작업을 했던 어느 고객은 레슨 도중 어떤 서류를 남기고 어떤 서류를 버릴지 결정하지 못해 힘들어했다. 그때마다 나는 서류를 한 장 한 장 살펴보며 질문을 연거푸 던졌다.

"이건 언제 필요한가요?"

"얼마나 오래 보관했죠?"

"얼마나 자주 들여다보나요?"

"인터넷에서 같은 정보를 찾을 수 있나요?"

"이게 없으면 문제가 얼마나 심각해지나요?"

"당신을 정말 설레게 하는 것인가요?"

어떤 서류를 버릴지 남길지 결정하기 어렵다고 대강 분류해서는 안 된다. 이런 때일수록 날카롭게 질문을 던져 꼼꼼하고 철저하게 서류를 정리해야 다시는 산더미 같은 서류에 파묻히지 않는다. 전부 버리겠다는 각오가 서지 않는다고? 그렇다면 만약 내가 지금 당장 당신의 사무실로 걸어 들어가 모든 서류를 치워 버리겠다고 말한다면 어떨까? 그때는 어떤 서류를 구출하러 달려오겠는가?

물론 직업과 직군에 따라 거의 모든 서류를 버리는 것이 가능한 경우도 있다. 고객 중 한 고등학교 교사는 필수 보존 문서를 모두 전산화해서 서류 정리함 2개를 완전히 비웠고, 업무 효율성도 높아졌다고 했다. 기업 관리자였던 어느 고객은 서류가 생기자마자 필요한 것인지 결정하는 습관이 있었다. 필요 없다 싶은 서류는 즉시 파쇄했고, 다시는 쌓이는 서류 더미로 고생하지 않았다. 물론 파쇄기는 주의해서 사용해야 한다. 이 관리자는 성급하게 판단해 직원의 사직서를 봉투째 파쇄해버렸다(이 사람은 사실 내 예전 상사였고, 그가 실수로 없애버린 사직서는 내 것이었다).

이쯤 되면 불안해하는 독자가 있을지도 모르겠다. 서류는 정리를 해도 빠르게 다시 쌓이는 만큼 결국 정리 리바운드에 빠질 수밖에 없다고 말이다. 하지만 걱정할 필요 없다. 지금부터 소개하는 몇 가지 규칙만 지키면 다시는 서류 더미에 갇히지 않을 것이다.

① 모든 서류를 마지막 한 장까지 분류한다

프레젠테이션 서류, 프로젝트 기획안, 보고서, 송장 등 명확한 카테고리별로 서류를 분류한다. 아니면 날짜별, 개인 고객과 환자, 혹은 학생 이름별로 분류한다. 고객 중 한 사람은 '디자인 아이디어, 관리 아이디어, 영어 공부, 보관 및 유념 서류'라는 네 가지 카테고리를 정했다. 무엇이든 자신에게 가장 잘 맞는 체계를 사용하면 된다. 핵심은 '그냥 갖고 있고 싶어서' 보관해두는 서류는 단 한 장도 없어야 한다는 점이다.

② 서류는 세워서 보관한다

"그 서류가 어디 갔지?"

매번 이렇게 말하는 이들은 주로 책상 위에 서류를 쌓아두는 유형이다. 이런 방식의 쌓기에는 두 가지 단점이 있다. 첫째, 서류를 얼마나 많이 갖고 있는지 몰라서 어느새 서류 더미에 파묻힌 책상의 주인이 된다. 둘째, 맨 아래 깔려 있는 서류를 까맣게 잊어버렸다가 찾아내느라 아까운 시간을 낭비한다.

최적의 효율성을 원한다면 파일 폴더 시스템으로 서류를 보관하는 것이 가장 좋다. 카테고리별로 서류를 세로형 서류꽂이에 세워 선반에 올려두거나, 별도의 파일에 넣어 서류 정리함에 보관한다. 이렇게 보관하면 서류가 얼마나 많은지 한눈에 들어오며 깔끔하고 깨끗해 보인다.

③ 미결 서류함을 만든다

당일 처리해야 하는 서류만 보관하는 미결 서류함을 만들어보자. 이때도 세로형 서류꽂이를 사용하면 처리할 서류량을 한눈에 파악할 수 있다. 가로형 서류 정리함을 선호한다면 사용해도 무방하지만, 맨 아래에 있는 서류를 잊지 말고 잘 챙기자. 미결 서류는 처리한 후 보관할 필요가 없으면 버린다.

다른 것도 그렇지만 특히 서류는 정리하고 나면 관리하기가 굉장히 수월해진다. 어떤 서류를 얼마나 많이 갖고 있고, 어디에 수납해두었는지 정확히 알 수 있기 때문이다. 서류를 분류하고 나서 보관할 장소를 정할 때는, 업무 공간을 둘러보고 수납공간을 가늠해보자. 만약 보관할 서류가 수납공간을 초과하면 정리 리바운드에 빠진다. 이때는 다시 한번 서류를 살펴봐야 한다. 더이상 보관할 필요가 없는 서류가 있는지 한 번 더 확인하고, 있다면 버린다. 이렇게 정기적으로 서류를 점검해야 항상 깔끔하게 보관할 수 있다.

④ 스캔의 함정을 주의하라

스캔은 매우 편리한 도구다. 버릴 서류를 스캔해서 저장하는 것보다 더 쉬운 일은 없다. 하지만 이 편리함이 때로는 재앙이 될 수도 있다. 고객 중 한 명은 책을 버리기 전에 중요한 부분을 스캔해놓고 싶어 했다. 하지만 스캔하는 데 생각보다 너무 오랜 시간이 걸렸다. 그는 스캔 작업이 자신의 의욕과 업무 성과에 전혀 도움이 되지 않는다는 사실을 깨닫고 스마트폰으로 촬영하기로 했다. 하지만 그 일도 만만치 않게 시간이 오래 걸렸다. 결국 그는 아무것도 저장하지 않고 책을 버리기로 했다. 공들여 스캔하고 촬영해서 보관해둔 자료는 한 번도 들여다보지 않았다.

한 치과 병원 소유주는 정리 레슨을 받으면서 버리기 전 스캔해둘 서류를 따로 모아두었다. 결과적으로 서류 수는 거의 줄지 않았고 스캔할 서류만 계속 늘어났다. 종이봉투에 꾸역꾸역 집어넣어 사무실 한쪽 구석에 놓아둔 서류는 3개월이 지나도 그대로 있었다. 그런 식으로는 정리를 끝낼 수 없었다. 1년 후, 다시 그의 사무실을 찾았을 때 스캔하려고 따로 모아둔 종이봉투를 아직 손도 대지 않은 그대로 놓아둔 것을 보고 깜짝 놀랐다. 그는 스캔할 서류를 1년 동안 한 번도 사용하지 않았다는 것을 깨닫고, 꼭 필요한 서류만 남긴 채 나머지는 모두 버렸다.

중요한 서류는 당연히 스캔해두어야 한다. 하지만 스캔해야 한다고 생각한 서류를 정말로 다 스캔해야 하는지 다시 한번 살펴보자. 스캔하는 시간뿐 아니라 스캔으로 생성된 파일을 분류하고 저장하는 시간도 고려해야 한다. 대신 해줄 사람이 있다면 몰라도, 혼자 모두 처리해야 한다면 엄청난 시간이 걸릴 수 있다. 그럼에도 스캔해서 저장하고 싶다면 정리 일정에 스캔 시간을 구체적으로 정해놓자. 기회가 되면 스캔하겠다고 마음먹어서는 절대 그 기회가 오지 않는다.

—— 명함 정리 :
반드시 간직해야 하는 것만 남기기

명함을 하나 찾았는데, 도대체 명함 주인이 누구인지 기억나지 않은 적이 있는가? 정리 중에는 놀랍게도 이런 일이 자주 일어난다. 나는 항상 고객들에게 이 기회에 명함을 버리라고 부추기지만, 많은 사람들이 죄책감에 다른 사람의 명함을 선뜻 버리지 못한다. 어떤 사람들은 명함에 사람의 혼이 담겨 있다고 믿기도 한다. 그렇게 명함이 소중하다면 서랍장에 쑤셔 넣어놓고 소홀히 하기보다는, 한때 제 할 일을 다해준 것에 감사하고 보내줘야 한다. 이때 명함에 담긴 개인 정보가 누출되지 않게 유의하는 것은 당연하다.

명함 정리도 모두 한곳에 모아놓고 시작한다. 내게 조언을 구했던 한 사업가는 명함을 4,000장이나 가지고 있었다. 그는 정리를 시작하면서 소셜미디어에서 거의 모든 사람들과 연결되어 있기 때문에 굳이 명함이 필요 없다는 사실을 깨달았다. 연락을 주고받는 사람들의 이메일 주소는 이미 가지고 있었다. 그래서 정말 존경하는 사람들의 명함만 10개 정도 골라 간직했다.

이 사업가처럼 이메일을 주고받거나 소셜미디어를 이용하는 사람들의 명함과는 작별해도 된다. 명함의 개인 정보를 연락처에 입력할 시간이 없다면 명함을 스캔하거나 촬영해 컴퓨터 혹은 스마트폰에 저장한다. 스마트폰 카메라로 명함을 스캔하면 자동으로 연락처에 등록되는 기술을 활용하는 것도 좋다.

나 역시 최근에 명함을 정리해서 딱 한 장만 남겨두었다. 바로 내 아버지의 명함이다. 아버지는 한 회사에서 30년 이상 일하셨다. 그 명함을 볼 때마다 오랜 세월 동안 성실히 가족을 부양한 아버지가 생생하게 떠오른다. 그 명함과는 도저히 이별할 수 없어 책상에 올려두었다. 불필요한 명함은 정리하되, 반드시 남겨야 할 이유가 있다면 주저하지 말고 자신 있게 간직하라.

── 소품 정리 :
여섯 가지 카테고리로 분류하기

"끝이 보이지 않아요! 더 이상은 못할 것 같아요!"

"너무 혼란스러워요!"

"미칠 것 같아요!"

고객들이 이런 절망적인 이메일을 보낼 때는 십중팔구 소품을 정리하는 상황이다. 소품은 종류가 다양해 하위 카테고리가 가장 많다. 문구, 취미용품, 생활용품, 주방 도구, 식료품, 욕실용품 등 끝이 없다. 하지만 걱정할 것 없다. 다행히 사무실 소품의 하위 카테고리 수는 훨씬 적다. 서류와 종이를 모두 성공적으로 정리했다면 소품 정리도 문제없다.

자신만의 속도로 차분하게 소품을 살펴보면 어떤 종류가 있는지 전체적인 그림이 그려진다. 일반적인 업무 공간의 소품은 보통 다음과 같다.

- 사무용품(펜, 포스트잇, 가위, 스테이플러, 테이프 등)

- 전자 제품(디지털 기기, 소형 전자 기기, 전선 등)

- 업무 관련 소품(제품 샘플, 비품, 부품 등)

- 개인 용품(화장품, 약, 비타민 등)

- 식품(차, 간식 등)

이런 하위 카테고리별로 소품을 한곳에 모아 하나씩 살펴보자. 서랍이 꽉 차서 뭐가 들어 있는지 모르겠다면 내용물을 모두 책상이나 바닥에 쏟아놓는다. 그런 다음 카테고리에 맞게 물건을 하나하나 분류하면서 남기고 싶은 것을 골라보자.

① 사무용품

사무용품은 두 종류로 나뉜다. 책상용품과 소모품이다. 책상용품과 소모품은 각각 따로 정리한다. 먼저 책상용품은 가위와 스테이플러처럼 보통 하나만 있으면 되는 것을 가리킨다. 무엇을 얼마나 갖고 있는지 모르는 사람들은 필요 이상으로 많이 갖고 있는 경우가 많다. 고객 중 한 명은 연필깎이 4개, 똑같은 자 4개, 스테이플러 8개, 가위는 무려 12개를 갖고 있었다. 왜 그렇게 많이 갖고 있냐고 묻자 처음에 하나를 잃어버려서 하나를 더 샀다, 그렇게 많이 갖고 있는지 몰랐다, 가까운 곳에 하나를 더 두는 게 편리하다고 생각했다 등의 이야기를 했다. 업무 공간에서 책상용품은 하나씩만 있으면 충분하므로 종류별로 하나만 남기고 나머지와는 작별한다.

한편 소모품은 포스트잇과 서류 집게, 공책, 문구, 카드처럼 갖고 있다가 다 쓰는 것이다. 어느 정도 여분을 갖춰놓기는 해야겠지만, 서랍장이 넘치도록 많은 포스트잇이나 빨간 펜 10개를 구비해놓는 것이 효율적일까? 책상에 얼마만큼의 물품을 보관해두는 것이 가장 효율적인지 생각해보자. 포스트잇은 다섯 묶음, 서류 집게는 30개쯤이 적당할 수도 있다. 이런 식으로 업무 특성에 비춰 적절하다 싶은 물품 개수를 정해놓고, 나머지는 사무용품 보관 장소에 돌려놓자.

② 전자 제품

전자 제품을 정리할 때는 고장 난 제품이나 못 쓰는 기기를 발견하기 쉽다. 지금은 사용하지 않는 스마트폰의 충전 케이블이나 이어폰이 서랍장에 한가득 들어 있을 때도 있다. 이런 것들을 책상에 둘 필요가 있을까? 가게를 차리겠다면 몰라도 그게 다 필요할까? 심지어 마구잡이로 섞여 있어서 어디에 쓰는 건지 모르는 경우도 있다. 책상에 물건을 보관할 공간은 한정되어 있다. 각 물건의 용도를 알아보고 쓸모를 다한 것에 감사한 후 작별을 고한다.

③ 업무 관련 소품

직업마다 특유의 소품이 있다. 화가에게는 그림과 캔버스가, 액세서리 디자이너에게는 구슬과 줄이, 화장품 회사 직원에게는 제조업체에서 받은 화장품 샘플이 있다. 직업에 따라 이런 소품이 감당 못할 만큼 많을 수도 있다. 그런데 이런 소품들은 일과 직접 연관되어 있기 때문에 정리를 시작하자마자 자신이 중요하게 여기는 가치를 발견할 가능성이 매우 높다. 또 동기부여를 얻기도 쉬워 중도에 포기하지 않고 정리를 끝마칠 수 있다.

화가 린(Leanne)은 매우 귀중한 도구임에도 유화가 자신에게 그다지 큰 영감을 주지 않는다는 사실을 깨달았다. 그래서 표현 도구를 바꾸어 새로운 스타일을 창조했다. 이것은 린만의 이야기가 아니다. 직물에 대한 사랑을 깨닫고 의상 디자이너로 전업한 일러스트레이터, 슬럼프에 빠져 있다가 오래된 악보를 정리하면서 음악에 대한 열정을 되찾은 피아니스트도 있었다. 창의적 분야에 종사하는 사람들은 진정으로 귀중한 것만 남기면서 더 많은 영감이 샘솟는 경험을 하기 쉽다. 물리적 공간을 정리하면서 활동할 공간이 훨씬 더 널찍해지고, 마음의 공간도 넓어져 새로운 아이디어와 창의성이 흘러넘치기 때문이다.

업무 관련 소품을 하나하나 꺼내보고 그것들이 당신에게 어떤 영향을 주는지 생각해보자. 이때 느껴지는 감정에 집중하면 놀랍고도 명확한 답이 나온다. 온몸의 세포가 깨어나거나 반대로 마음이 납처럼 착 가라앉을 것이다.

④ 개인 관리용품

핸드크림과 안약, 비타민, 그 밖에 업무의 편리를 돕는 물건들이 개인 관리용품에 속한다. 몇 시간씩 사무실에 앉아 있으면 어깨와 등이 뻐근해지고 눈이 피로해진다. 이런 통증을 줄여주는 관리용품도 소소하게 직장에서 느끼는 행복에 기여한다.

광고 대행업체 직원 케이(Kay)는 건강 관리용품을 좋아했다. 두피 마사지 기계와 일회용 아이 마스크 등 많은 건강 관리용품이 책상 위는 물론 서랍장에 가득했다. 그게 다 필요하냐는 질문에 케이는 일이 무척 바빠서 피로를 푸는 데 꼭 필요하다고 설명했다. 그녀는 자랑스럽게 말했다.

"이건 아직 우리나라에서는 판매하지 않는 상품이에요."

"이 얼굴 안마기가 큰 인기를 끌 것 같아요."

케이는 건강 관리용품에 집착하는 게 분명했다. 나는 엄청나게 많은 양에 신기해서 그것들을 언제 어떻게 사용하는지 물어보았다. 그러자 놀라운 답이 돌아왔다.

"야근을 하느라 마지막 열차를 놓쳐서 마음을 가라앉혀야 할 때 이 아로마 오일을 사용해요. 이 허브 아이 마스크는 10시간 연속으로 컴퓨터 앞에 앉아 일할 때 쓰고요. 이 마사지 볼은 긴장된 근육을 풀어주는 데 아주 좋아요!"

케이는 아주 자세하고 꼼꼼하게 설명해주었다. 설명을 들으면 들을수록 건강 관리용품은 둘째 치고, 그녀의 업무가 얼마나 힘든지 알 수 있었다. 나도 모르게 이런 질문이 튀어나왔다.

"그래도 그렇게 일하는 것이 즐거운 거죠?"

결국 케이는 잔업을 줄이고 건강 관리용품 중 절반 이상을 집으로 가져갔다. 지금은 퇴근 후 집에서 건강 관리용품으로 온몸의 피로를 풀고 있다.

"제가 바라는 이상적인 직장 생활을 생각해보다가 사무실이 아니라 집에서 건강 관리용품을 사용하는 게 훨씬 행복하겠다는 걸 깨달았어요."

케이의 얼굴에는 화색이 돌았고, 스트레스도 훨씬 줄어든 것 같았다. 사무실에 가져다놓은 개인 관리용품이 아무리 좋아도 직장 생활 자체가 괴롭다면 본말이 전도된 것이다. 그러니 이상적인 직장 생활을 상상해보고 그것을 실현하는 데 도움이 되는 개인 관리용품은 무엇인지, 동시에 필요 없는 것은 무엇인지 생각해보자.

⑤ 간식과 식품 관련 용품

미디어 기업 직원인 한 고객은 서랍 절반을 테이크아웃 음식에 딸려온 케첩과 소금, 냅킨, 플라스틱 포크로 꽉꽉 채워놓았다. 정리를 시작하기 전에는 자신이 그렇게 많이 가지고 있는지 몰랐던 그는 서랍 안을 보고는 깜짝 놀랐다. 혹시 간식거리를 서랍에 쌓아두고 있다면 유효기간을 확인해보고, 지금 당장 얼마나 필요한지 개수를 정해둔다. 이 기회에 남아도는 음식과 작별 인사를 하고 서랍을 말끔하게 정리하자.

⑥ 추억의 물건

이 마지막 카테고리는 사진과 편지처럼 감상할 가치가 있는 것이어서 가장 버리기 힘들다. 그래서 맨 마지막에 정리한다. 다른 모든 카테고리의 물건을 정리하다 보면 자신이 진정 가치 있게 여기는 것이 무엇인지 알게 되고, 영감을 주는 것을 골라내는 능력이 향상된다.

다른 카테고리의 물건을 정리할 때처럼 추억의 물건도 모두 한자리에 모아둔다. 그런 다음 하나씩 손에 쥐어보고 "이걸 책상에 놓아두면 어떤 기분이 들까?"라고 물어본다. 한때는 의지가 되었지만 더 이상은 필요 없다는 답이 나오면 그동안 고마웠다고 인사하고 과감히 버린다. 이렇게 물건을 하나하나 정리하면 그 물건 덕분에 얼마나 효율적으로 일할 수 있었는지 돌이켜보게 되므로 더욱 의미가 커진다. 의미 있는 물건이 너무 많아서 사무실에 다 보관할 수 없다면 일부를 집에 가져가자. 이때 집에 가져갈 물건을 봉투에 넣어두면 정리 속도가 빨라진다.

추억의 물건을 정리하기 힘들다면 촬영해놓고 버리는 방법도 있다. 감상적인 물건을 촬영해 사진으로 남겨두면 버리기가 훨씬 쉬워진다는 연구 조사 결과가 있다.[17] 한 연구에서는 조사학자들이 각각 다른 기숙사에 기부 운동을 홍보하는 서로 다른 포스터를 붙였다. 하나는 학생들에게 추억의 물건을 모아서 기부해달라고 홍보하는 포스터였고, 다른 하나는 먼저 추억의 물건을 촬영해두고 기부해달라는 포스터였다. 그러자 사진을 찍어두라는 포스터가 붙은 기숙사의 학생들이 15% 더 많이 기부했다.

책상 정리 :
상자를 활용해 똑똑하게 수납하기

남겨야 할 것만 잘 골라냈다면 이제는 수납할 차례다. 수납에는 기본 법칙이 있다. 요약하자면 카테고리별로 상자를 이용해 물건을 수납하고, 책상 위에는 아무것도 올려놓지 않는다는 것이다. 이 규칙을 유념하고 수납 장소를 정한다. 모든 물건의 자리를 정해 아주 작은 물건까지도 어디에 있는지 정확하게 알아야 한다.

① 자리를 정하고 카테고리별로 수납한다

정리를 했다가 다시 어질러지는 정리 리바운드는 모든 물건의 자리를 정하지 못했기 때문에 일어난다. 다시 말해 쓴 물건을 어디에 둘지 모르기 때문이다. 그러므로 각각의 물건을 어디에 수납할지 결정해야 한다. 쓰고 난 물건을 즉각 제자리에 돌려놓는 습관을 들이면 정리가 훨씬 쉬워진다.

일단 동일한 카테고리의 물건을 여러 장소에 수납해서는 안 된다. 같은 장소에 수납해야 어떤 물건을 얼마나 갖고 있는지 알 수 있다. 그래야만 넘치게 쌓아두거나 필요 없는 물건을 사지 않을 수 있다.

일반 사무실에서는 보통 명함과 문구를 맨 위 서랍에 수납하는 것이 좋다. 전자 제품과 개인 용품, 식품은 두 번째 서랍에, 서류와 종이는 세 번째 서랍에 넣어둔다. 이는 기본적인 서랍 수납 방식이지만 책상이나 업무 유형에 따라 달라질 수 있다. 각자의 환경에 맞는 수납 방식으로 편하게 일할 수 있는 공간을 만드는 것이 핵심이다.

② 상자를 이용하되 물건은 세워서 수납한다

책상은 공간이 한정되어 있어서 물건을 보관할 때 효율성을 극대화해야 한다. 이때 가장 좋은 도구가 상자다. 크기가 다양한 상자를 서랍장에 넣어 칸막이로 사용하는 것이다. 동일한 카테고리의 물건은 크기와 모양에 맞는 공간에 수납해보자. 예를 들어 외장 하드 같은 물건은 작은 상자에, 약이나 비타민 등 개인 용품은 중간 크기 상자에 넣는다. 아주 작은 물건은 칸막이가 없는 널찍한 서랍에 바로 넣기보다는, 상자 안에 세워 수납한 뒤 상자째 서랍에 넣는 것이 좋다. 그러면 뭔지 모를 물건이 뒤섞이는 일이 없어지고, 서랍을 열자마자 뭐가 어디에 있는지 한눈에 보인다.

상자는 서랍에 들어가는 크기면 어떤 것이든 괜찮다. 특정 용도에 딱 맞는 상자를 사거나 집에 있는 빈 상자를 이용해도 된다. 나는 명함 상자와 스마트폰 상자를 자주 이용한다. 책상 서랍에 딱 맞는 크기라서 아주 편리하게 활용할 수 있다.

또 하나, 정리를 잘하는 비결은 가능한 한 모든 것을 세워서 수납하는 것이다. 훨씬 깔끔해 보일 뿐만 아니라 수납공간을 최대화할 수 있다. 높이가 적당한 물건은 모두 세워서 수납해야 한다. 참고로 나는 지우개와 포스트잇도 세워서 수납한다.

③ 책상 위에는 아무것도 두지 않는 것이 원칙이다

엄밀히 말하면 책상 위는 수납공간이 아니라 작업 공간이다. 그러므로 책상 위에는 아무것도 두지 않는 것이 원칙이다. 모든 물건은 서랍장과 선반에 자리를 정해 수납한다. 책상 위에는 현재 진행 중인 프로젝트에 필요한 물건만 올려놓아야 한다. 필요한 물건만 골라 제대로 수납하면, 대체로 업무용 컴퓨터와 장식품이나 화분 하나만 책상 위에 남는다.

문제는 무엇을 꺼내놓을지 결정하는 기준이다. 기본적으로는 책상 위에 아무것도 두지 않겠다고 다짐한 후, 책상 위에 올려놓으면 생산성에 도움을 줄 만한 물건을 고심해서 골라야 한다.

펜과 메모장처럼 매일 사용하는 물건의 자리도 정해두자. 이런 것들까지 보이지 않는 곳에 수납해도 전혀 불편하지 않아 깜짝 놀라는 사람들이 많다. 책상을 깔끔하게 정돈하면 일에 집중할 수 있어 빠르게 그 상태에 중독된다. 그렇다고 무조건 모든 사람의 책상이 이렇게 휑하다 싶을 정도로 말끔해야 한다는 말은 결코 아니다. 필기도구를 서랍장에 넣어두기보다 연필꽂이에 꽂아두고 쓰는 편이 일하기에 좋다면 그렇게 하는 것이 맞다.

── 미후유의 삶에 나타난 놀라운 변화

지금까지 물리적 업무 공간에 필요한 물건을 카테고리별로 정리하는 단계를 알아보았다. 너무 복잡한 것 같아서 정리할 엄두가 나지 않거나, 몇 번 시도해도 정리에 성공하지 못해서 걱정스러운가? 하지만 많은 사람들의 업무 공간을 함께 정리해본 내 경험상 걱정할 필요 없다고 자신한다. 버릴 것이 하나도 없다고 확신하던 사람들도 물건을 모두 꺼내놓고 하나하나 손에 쥐어보며 꼭 필요한 것인지 스스로에게 물어본 후 3분의 2를 버렸다.

막연히 필요하겠다고 생각하는 것과 진짜 간직할 가치가 있다고 느끼는 것은 별개다.

이와 마찬가지로 정리를 시작하면 어떨지 상상하는 것과 실제로 정리하는 것도 완전히 다르다. 물건이 너무 많아 책상을 정리하는 데 적어도 반년은 걸리겠다고 생각한 사람들이 많았지만, 보통은 정리를 시작하자마자 일주일도 채 되지 않아 끝냈다. 그러니 이 책을 읽고도 정리를 시작하지 않는 것은 시간 낭비다. 뭔가 와 닿는 것이 있다면 더더욱 그렇다. 정리를 시작해야 정리의 진정한 가치를 느낄 수 있다.

그렇다면 정리의 진정한 가치는 무엇일까? 책상이 말끔하고 깨끗해져서 날아갈 듯 기쁜 것? 아니면 업무 효율성 향상? 이 모두가 해당되지만 나는 그 이상의 가치가 있다고 생각한다. 무엇보다 자아를 재발견할 수 있다. 갖고 있는 물건을 하나하나 마주보며 영감을 주는 것인지 물어볼 때, 자신이 진정 원하는 것과 행복을 느끼는 것이 무엇인지 선명하게 보인다. 그리고 정리를 끝낼 무렵에는 마음가짐과 행동, 선택이 변하며 결국 인생이 극적으로 달라진다. 나는 이렇게 변해가는 수많은 고객을 지켜보았는데 그중에서도 미후유(Mifuyu)의 사례를 들려주고 싶다.

미후유는 고급 패션 잡지의 마케팅 담당자였다. 패션 분야에 종사하는 사람답게 상당히 높은 월급을 받았고, 최신 브랜드 제품으로 온몸을 휘감고 다녔다. 승승장구하는 그녀를 시기하는 동료들도 있었지만, 어쨌든 그녀는 잘나가는 사람이었다. 하지만 미후유는 무슨 이유에서인지 무엇인가가 잘못됐다는 느낌을 떨쳐버릴 수 없었다. 마치 자기가 아닌 다른 사람이 되려고 애쓰고 있는 것만 같았다. 그러다가 진정한 자아를 찾고 싶어 정리 레슨을 받기로 했다.

미후유는 먼저 집부터 정리했다. 그런데 옷장에 고이고이 걸어두었던 유명 디자이너의 드레스나 2,000달러짜리 재킷이 그녀에게 조금도 행복감을 주지 않는다는 것을 깨닫고 깜짝 놀랐다. 거의 신지 않은 하이힐도 마찬가지였다. 그보다는 평범한 하얀색 티셔츠와 청바지, 질감 좋은 수수한 남색 숄처럼 편안한 옷만 간직하고 싶었다. 결국 미후유는 가지고 있던 옷 중 4분의 1만 남기고 모두 처리했다.

미후유는 업무 공간도 정리하기로 마음먹고, 그다음 주말에 아무도 없는 사무실로 갔다. 출판사 직원들이 으레 그렇듯 미후유의 책상도 잡지와 원고로 뒤덮여 있었다. 서랍에는 종이가 가득했다. 하지만 4시간 동안 집중해서 정리를 끝내자 그녀의 업무 공간은 처음 출근한 날처럼 말끔해져 있었다. 남은 것은 현재 처리 중인 자료를 넣어둔 클리어 파일 2개와 문구류 몇 개, 책 3권이 전부였다.

월요일이 되자 동료들이 달라진 미후유의 책상을 보고 깜짝 놀라 물었다.

"그만두려는 거예요?"

하지만 가장 놀란 사람은 미후유 자신이었다. 그녀는 스스로가 경험하고 있는 변화에 입을 다물 수 없었다. 무엇보다 마음이 훨씬 더 편안해졌다. 얼마 전까지만 해도 그녀는 과로로 우울증 진단을 받고 병가를 내야 했다. 그런데 정리가 마음의 평정을 되찾아준 것 같았다.

덕분에 미후유는 차분한 마음으로 다시 일에 집중할 수 있게 되었다. 전에는 직장에서 상황이 나빠질 때마다 감정이 롤러코스터를 타는 것처럼 요동치곤 했다. 그럴 때마다 미후유는 "그냥 시기가 나빴어", "그가 그렇게 말했기 때문이야"라며 상황이나 다른 사람을 탓했다. 그도 아니면 과거의 실수를 곱씹으며 스스로를 질책했다. 하지만 공간을 정리하면서 자신의 실수를 건설적으로 받아들일 수 있었다. 다음에는 다른 식으로 시도해보겠다고 다짐하고, 실수를 통해 교훈을 얻었다고 감사할 수도 있게 되었다.

정리를 하면서 물건을 마주 보는 것은 자신의 과거를 마주하는 것과 같다. 정리를 하다 보면 가끔 '이걸 왜 샀지?'라며 후회하거나 과거에 자신이 내린 결정에 당혹해하기도 할 것이다. 하지만 그런 감정을 그대로 받아들여야 한다. 진짜 필요한 것이 무엇인지 알게 되어 감사하다는 마음을 갖고 버릴 것은 버려야 한다.

이것이 바로 자신이 과거에 했던 선택을 인정하는 과정이다. 정리를 하면서 자신이 진정으로 원하는 것을 알아내고, 무엇을 어떻게 할지 결정하는 과정을 끝없이 반복하게 된다. 그러다 보면 자신의 모든 선택에 확신을 갖는 긍정적 관점이 생겨난다. 미후유는 이렇게 말했다.

"자신의 행동은 스스로 책임져야 한다는 걸 알아요. 하지만 정리를 하기 전에는 지금 내 상황이 과거의 내 선택 때문이라는 사실을 인정하기 어려웠어요. 진짜 중요한 때 옳은 결정을 내릴 수 없었던 것이죠. 제 물건을 하나하나 살펴보자 모든 것이 달라 보였어요. 너무 고심하지 말고 좀 더 단순하게 살기로 마음먹었죠. 제 행동에 책임을 진다는 것은 곧 스스로에게 진실해진다는 의미임을 깨달았어요. 그런 깨달음 덕분에 긴장을 풀고 좀 더 융통성 있게 일할 수 있게 되었어요."

그녀는 업무 처리 속도 역시 크게 향상되었음을 느꼈다. 정리를 하기 전에는 마감 시한은 어길 수도 있는 거라면서 항상 막판에 벼락치기로 일을 끝냈다. 하지만 정리 후에는 정해진 기한 이전에 일을 끝낼 수 있었다.

"물건을 찾느라 시간을 낭비하는 일도 거의 없어졌어요. 뭐가 어디에 있는지도 잘 모르면서 무작정 찾으려고 책상을 이리저리 뒤지는 것보다, 다른 적절한 조치를 취하는 편이 훨씬 더 빠르고 효과적이죠."

이제 미후유는 물건을 찾느라 시간 낭비하는 일이 없어져 스트레스를 훨씬 덜 받는다.

그녀의 업무 처리 속도가 빨라진 이유가 하나 더 있다. 집과 사무실뿐 아니라 스마트폰 연락처, 네트워크, 업무 내용, 시간 같은 것들도 완전히 정리했기 때문이다. 이때도 자신이 바라는 이상적인 직장 생활에 꼭 필요한 것인지 생각하며 남길 것을 골랐다. 이를 통해 필요 없는 일은 과감하게 쳐냈고, 진짜 중요하다고 생각하는 일에만 집중하는 업무 스타일을 유지했다.

3년 후, 미후유는 공영방송 프로그램의 진행자이자 몇 권의 책을 쓴 작가가 되어 있었다. 독립하고 싶다는 오랜 열망을 깨달은 후, 직장을 그만두고 프리랜서로 나선 결과였다. 그리고 지금은 자신만의 독특한 업무 스타일을 확립한 롤 모델로 평가받는다. 그녀는 스마트폰과 노트북만 갖고 세계를 여행하면서 좋아하는 사람들과 정말 원하는 일을 하고 있다. 이러한 생활 방식 자체가 그녀가 쓰는 글의 소재가 된다. 물리적 업무 공간과 비물리적 업무 공간을 정리하면서 자신에게 중요한 것만 골라냈고, 그 덕분에 진정한 의미에서 가슴 뛰는 직장 생활을 할 수 있게 된 것이다.

—— 물리적 업무 공간 정리를 끝냈다면

미후유처럼 많은 사람들이 물리적 업무 공간을 정리한 후에는 인적 네트워크와 시간, 디지털 데이터, 이메일 등 비물리적 업무 공간도 점검하고 싶어 한다. 영감을 주는 것, 탁월한 성과를 내는 데 도움이 되는 것을 골라내고, 깔끔하고 질서 정연한 환경에서 일하는 것이 자유를 준다는 사실을 알게 되면 당연히 다른 것도 정리하고 싶어진다.

어렵지 않다. 당신이 원하는 직장 생활을 그려보고, 카테고리별로 업무를 분류하고, 명확한 마감 시한을 정하며, 한 번에 빠르고 완벽하게 정리하면 된다. 버릴 것과 남길 것을 구분할 때는 앞서 소개한 세 가지 기준을 참조한다.

비물리적 업무 공간을 정리하는 데는 카테고리별로 몇 가지 방법이 있는데, 이는 4~10장에 걸쳐 자세히 설명할 것이다. 특히 직장에서 다른 사람들과 협력하면서 탁월한 성과를 내고 싶다면 반드시 살펴봐야 할 몇 가지 영역이 있다. 바로 결정, 시간, 관계, 디지털 데이터, 이메일, 바탕화면, 스마트폰 애플리케이션 등이다.

비물리적 공간이야말로 정리할 엄두가 나지 않는다고? 미리 염려할 필요 없다. 일단 정리를 시작하면, 그 정리 노하우를 다른 분야에도 활용하고 싶어질 것이다. 이것이 바로 정리의 엄청난 파급효과다. 이제 당신이 꿈꾸는 직장 생활을 떠올리며 눈에 보이지 않는 것들을 차근차근 정리하자.

4장

나를 산만하게 하는 것들을 끊어내는 법_ 디지털 데이터 정리하기

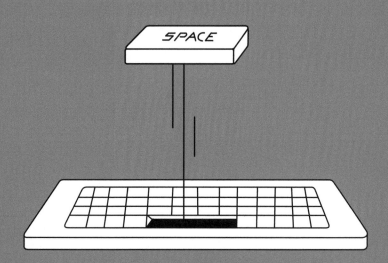

영국에 본사를 둔 에너지 기업의 마케팅 전문가 토니(Tony)는 디지털 서류를 저장하고 찾느라 많은 시간을 낭비하곤 했다. 마이크로소프트 앱과 컴퓨터 하드드라이브, 야머(Yammer) 같은 공동 작업 프로그램이 네트워크 전체에 퍼져 토니의 디지털 서류는 엉망진창이었다. 여기에 끝없이 쏟아지는 이메일과 문자메시지, 음성메시지가 시간을 다 잡아먹자 더 이상 견딜 수 없었다.

게다가 토니는 첨단 기술과 씨름하느라 하루를 다 보냈다(저녁과 주말까지도!). 당장 조치를 취해야 했다. 그래서 과감하게 음성 사서함의 인사말을 이렇게 바꿨다.

"음성메시지를 들을 수 없으니 이메일을 보내주세요. 살펴보고 답장해드리겠습니다."

물론 음성 사서함 외에도 사람들이 토니에게 연락할 방법은 많았지만, 이런 조치를 취해 좀 더 효율적으로 일할 수 있었다.

토니는 나아가 이메일도 손보기로 했다. 하지만 해고당하지 않는 한 이메일을 차단할 수는 없었다. 누구도 그렇게 할 수 없을 것이다. 그래서 토니는 자신이 할 수 있는 일을 했다. 이메일이 쌓이지 않도록 매일 받은 이메일을 처리한 것이다. 간단한 요구는 받은 당일 답장을 보냈고, 그 밖의 이메일도 일주일 내로 처리했다. 사소한 변화였지만 토니는 회사에서 훨씬 더 행복하다고 느끼게 됐다. 동료들도 토니의 변화를 알아차렸다. 처음에는 다소 극단적으로 보였지만, 나중에는 많은 동료들이 그의 방식을 따르게 되었다.

사실 이메일과 파일, 스마트폰 관리에 대한 조언은 상당히 많다. 디지털 데이터를 적절하게 관리하는 방법에 대한 사람들의 생각과 기술적 요구 사항은 직업에 따라 다르다. 어떤 기업에서는 특정 메시지 송수신 프로그램을 사용해야 한다. 의료 분야나 법 집행 분야 같은 특정 직업군에서는 언제든 연락이 닿아야 한다. 그러므로 자신에게 잘 맞는 관리 방법을 찾아야 오래 유지할 수 있다. 디지털 데이터를 정리하는 목표는 첨단 기술을 좀 더 똑똑하게 활용하고 통제하는 방법을 찾는 것이다.

　대부분 디지털 데이터는 세 가지 영역으로 나뉜다. 보고서와 프레젠테이션 자료, 스프레드시트 같은 디지털 서류와 이메일, 그리고 스마트폰 앱이다. 이 세 가지 영역의 공통된 문제는 '무엇이든 저장하기 쉽다'는 것이다. 끊임없이 저장하고 또 저장하다 보면, 첨단 기술이 도움이 되기는커녕 통제 불가능한 것처럼 느껴진다.

　형체가 있는 물건과 달리 디지털 데이터는 쌓이는 모습이 눈에 보이지 않는다. 알아차렸을 때는 이미 늦어 저장 공간이 바닥났거나 뒤죽박죽 섞여서 원하는 것을 찾을 수 없다. 혹은 디지털 장치가 달팽이처럼 느려지거나 끝없는 팝업 알림에 짜증만 난다. 이런 악순환에서 벗어날 방법이 없는 것은 아니다. 카테고리별로 각종 파일부터 시작해 이메일, 스마트폰 앱 순으로 디지털 데이터를 정리할 수 있다.

—— 어쨌거나 '체계화'는 중요하다

먼저 대부분의 데이터가 들어가는 하드드라이브나 네트워크 드라이브의 '문서' 폴더와 그 안의 하위 폴더부터 정리한다. 그러고 나서 바탕화면을 살펴본다. 같은 방법으로 사진이나 동영상 폴더 등 다른 폴더도 정리할 수 있다. 우선 문서 폴더 속 모든 문서를 하나하나 살펴보고 아래와 같이 물어보자.

· 업무를 처리하는 데 꼭 필요한가?
· 미래의 업무에 영감을 불어넣거나 길잡이가 되는 파일인가?
· 비전과 잠재력을 갖추는 데 도움이 되는 파일인가?

이 모든 질문에 '아니다'라는 답이 나오는 파일은 즉시 삭제하자. 제목만 봐도 무슨 내용인지 알겠다 싶은 문서라도 반드시 열어봐야 한다. 현재 진행하는 안건과 관련 없는 파일을 모아둔 하위 폴더가 있다면 당장 그 폴더 전체를 삭제한다. 물론 자신이 속한 조직의 문서 보관 정책이나 기준이 있다면 그에 따라야 한다. 함부로 삭제했다가 문제가 생기는 일은 없어야 하니까 말이다.

기술적으로 삭제할 수 없는 문서는 주요 문서 폴더가 아닌 아카이브 폴더로 옮겨놓는다. 이렇게 장소를 옮긴다고 삭제하고 싶은 문서가 사라지는 것은 아니지만, 꼭 보관하고 싶은 문서와 확연히 구분된다. 시각적으로 주의를 분산시키는 것이 적어지면 필요한 것을 훨씬 쉽게 찾을 수 있다.

사람들은 대부분 종사하는 산업이나 조직과 상관없이 자신이 사용하는 컴퓨터의 휴지통을 비울 수 있고, 문서 초안과 이미 완료한 할 일 목록을 삭제할 수 있다. 대개 나는 매달 마지막 날 필요 없는 것을 모두 삭제하곤 한다.

오늘날에는 검색 기술이 매우 발달해 파일을 체계화하기가 훨씬 쉽다. 디지털 문서가 어디에 저장되어 있는지 정확하게 알면 왠지 마음이 편해진다. 참고로 사람들이 파일보다는 폴더를 뒤져 문서 찾기를 좋아한다는 연구 결과가 있다.[18] 하지만 파일 검색 기능을 이용한다 해도 디지털 자료를 체계화하는 것은 무척 중요하다. 너무 많은 파일이 여기저기 흩어져 있으면 검색을 했을 때 엉뚱한 결과가 나올 수 있기 때문이다. 예를 들어 최근 고객에게 프레젠테이션했던 자료를 찾으려고 'deck(프레젠테이션 설명 자료, 장식하다는 뜻의 영어 단어-옮긴이)'을 검색했는데, 주택 리모델링 프로젝트가 튀어나오면 황당하지 않겠는가? 게다가 비슷한 문서가 많으면 최근 문서를 찾기 어려울 수 있다.

따라서 폴더는 중요한 것으로 몇 개만 만들어둔다. 그래야 무엇을 어디에 넣거나 어디서 찾아볼지 생각하느라 낭비하는 시간을 최소화할 수 있다. 그런 다음 폴더 내에서 검색 기능을 이용해 필요한 것을 빠르게 찾아낸다. 직업마다 필요한 것이 다르지만, 대부분 '현재 진행 프로젝트' 폴더와 '기록 자료' 폴더, '보관 자료' 폴더로 분류할 수 있다.

① 현재 진행 프로젝트

이 폴더에는 프로젝트별 하위 폴더를 만든다. 하위 폴더는 10개를 넘지 않아야 한다. 10개 이상의 프로젝트를 동시에 처리할 수 있는 사람이 몇이나 되겠는가? 그 몇 안 되는 사람이 당신이라고 생각한다면 다음 장에서 시간 정리법을 배워보자.

② 기록 자료

이 폴더에는 정기적으로 살펴보는 정책이나 절차 관련 문서를 넣어둔다. 이러한 문서는 대체로 다른 사람들에게 받은 것이 많고 좀처럼 수정하지 않는 경우가 많다. 법률 계약서와 직원 인사 파일 등이 이에 해당된다.

③ 보관 자료

마지막으로 보관 자료 폴더에는 나중에 사용할 과거 프로젝트 관련 서류를 넣는다. 예컨대 미래 고객 예측에 유용한 예전 고객 관련 프레젠테이션 자료처럼 새로운 프로젝트에 도움이 되는 문서가 있다. 그 밖에도 경쟁사 벤치마킹 자료나 산업 연구 자료처럼 훗날 도움이 될 만한 연구 자료가 있다. 유망 고객에게 보여주거나 신입 사원 훈련 자료로 사용하고 싶은 프로젝트 자료도 여기에 넣어둔다.

한편 개인 파일은 '개인 자료' 폴더를 따로 만들어 보관해 업무 파일과 섞이지 않게 하자. 디지털 문서는 체계화해야 한다. 파악하기 쉬운 주요 폴더를 몇 개만 만들면 훨씬 쉽게 체계화된 상태를 유지할 수 있다. 보관할 새로운 문서는 가장 적절한 폴더에 넣고, 보관하지 않을 것은 삭제한다. 이렇게 종류가 비슷한 문서를 같은 곳에 넣어두고 필요한 것만 보관하다 보면, 폴더의 유용성이 높아진다.

끝마친 프로젝트는 '보관 자료' 폴더에 넣을지, 아니면 버릴지 결정한다. 다른 곳에서 찾아볼 수 있거나 다시 볼 일이 없는 회사 정책 자료 같은 기록은 보관할 필요가 없다.

── 보기만 해도 의욕이 솟는
바탕화면 만들기

컴퓨터를 갖고 일하는 사람에게 바탕화면은 뗄 수 없는 공간
이다. 하지만 많은 사람들이 바탕화면을 쓰레기장으로 사용한
다. 한때 다운로드받았던 파일, 오래된 사진, 혹은 존재조차 까맣
게 잊어버린 문서가 바탕화면을 어지럽히기 일쑤다. 나도 한때
는 바탕화면에 엄청나게 많은 파일을 꺼내놓았다. 어찌나 많은
지 파일 이름도 제대로 읽을 수 없었다. 컴퓨터를 켤 때마다 바탕
화면에 난잡하게 널려 있는 쓸모없는 것들이 눈을 어지럽혔다.

바탕화면에는 읽어야 할 보고서와 오늘 발표할 프레젠테이션
자료, 혹은 대금을 지불하지 않은 송장처럼 현재 처리해야 하는
문서를 꺼내놓는 것이 좋다. 참고로 나는 '설레는 것'이라고 이
름 붙인 폴더도 바탕화면에 만들어둔다. 내가 자랑스럽게 여기
는 연구 출판물과 최근의 교수 평가, 혹은 강연 영상 등을 이 폴
더에 넣는다. 논문을 출판하고 새로운 강의나 연설을 할 때마다
이것들을 보면서 기운을 얻는다. 최근에 찍은 가족사진을 바탕
화면에 깔아두기도 한다. 마지막으로 영감을 주는 배경을 골라
바탕화면을 꾸민다.

참고로 마리에는 어떤 식으로 바탕화면을 정리하는지 알아보자. 그녀의 바탕화면에는 '수납' 폴더 하나와 그날 사용하고 싶은 사진 등이 있다. 컴퓨터 바탕화면은 책상 같은 업무 공간이라고 생각하기 때문에 당장 사용하고 싶은 것만 꺼내놓는다.

우선 수납 폴더는 서류 보관함과 같다. 여기에는 조만간 검토해야 하는 문서를 넣은 '문서' 폴더, 그리고 며칠 내로 사용할 사진을 넣은 '사진' 폴더가 있다. 조만간 진행할 프로젝트에 사용하고 싶은 사진은 '사진' 폴더에 수납한다. 문서와 파워포인트, PDF 파일은 '문서' 폴더에 넣는다.

'사진' 폴더에서는 카테고리별 분류가 중요하다. 사진은 대체로 다운로드하면서 알아보기 힘든 이름으로 저장되는 경우가 많다. 그렇게 되면 나중에 파일 이름으로도 검색하기가 어렵다. 하지만 사진을 다운로드할 때마다 이름을 바꾸는 것은 너무 귀찮은 일이다. 이럴 때는 용도에 따라 폴더별로 나누어 저장하면 비교적 쉽게 필요한 사진을 찾을 수 있다.

정돈된 바탕화면이 선사하는 쾌감은 중독성이 아주 강하다. 여기서 제시한 아이디어는 참고용에 불과하다. 폴더는 각자의 업무 수행에 가장 편리한 방식으로 분류하면 된다는 것을 기억하자.

── 하루를 발목 잡는
이메일을 효과적으로 통제하는 법

사람들은 지나치게 많은 이메일을 주고받는다. 그런데 이게 얼마나 심각한 문제인지 깨닫지 못하는 것 같다. 사무직 직장인들은 이메일을 처리하느라 반나절을 보낸다.[19] 연구 결과에 따르면 전체 직원의 절반 이상은 이메일이 업무 수행에 방해가 된다고 생각한다.[20] 브랜드 컨설턴트인 사샤(Sasha)도 마찬가지였다. 작은 기업을 운영하는 다른 업주들처럼 그녀 역시 지나치게 많은 이메일 때문에 스트레스를 받았다. 이메일을 처리하느라 잠도 제대로 자지 못했고, 회사 일도 끝낼 수 없었다.

"이메일을 읽고 정리하느라 너무 많은 시간을 써버리는 바람에 생산성이 크게 떨어졌어요. 제 성장 가능성도요."

연구에 따르면 이메일을 처리하는 데 많은 시간을 쓸수록 생산성은 낮아지고 스트레스는 높아진다.[21] 사샤는 자신이 바로 그런 상태임을 깨달았다. 그래서 고객의 메시지에 응답하는 시간을 정해 일정에 기록해놓고, 그 외 시간에는 이메일을 일절 열어보지 않았다. 고객들에게는 이메일 처리 시간을 알려주었다. 처음에는 고객들이 화를 내거나 서비스 질이 떨어질까 봐 걱정했다. 하지만 예상과 달리 사샤는 본업에 집중할 수 있었고, 그녀의 고객들은 이전보다 더욱 충실한 답장을 받게 되었다.

이메일을 확인하고 싶은 충동은 뿌리치기 힘들다. 이메일을 즉시 확인하지 않으면 왠지 중요한 사실을 놓칠까 봐 불안하고, 항상 바로 답장하는 것이 책임감 있는 행동이라는 생각이 든다. 이메일 확인보다 더 중요한 다른 일이 있다고 되새기고 또 되새기지만, 그럼에도 계속 이메일을 읽고 답장을 보내고 싶은 마음이 지속되면 처리 시간을 정해놓고 그 외 시간에는 본업에 집중해보자. 하루에 30분이라도 좋으니 이메일을 확인하지 않고 내일을 즐기는 것이다.

이메일을 처리하는 유형은 세 가지인데, 대체로 세 가지 모두 문제가 있다.[22] 먼저 어떤 사람들은 받은 메일함을 수시로 비운다. 이러한 '수시 정리 유형'은 항상 새로운 편지가 왔는지 확인하고, 새 편지를 받으면 바로 조치를 취한다. 하던 일을 중단하고 방금 받은 편지를 읽어본 후 즉각 정리한다. 여기서 문제가 생긴다. 이메일 하나 때문에 중단했던 업무를 다시 시작하는 데 26분이 걸릴 수도 있기 때문이다.[23]

만약 수시 정리 유형이 과도하게 세분화된 분류 시스템을 사용하면 문제가 더욱 심각해진다. 이러한 시스템은 유지하는 데 많은 시간이 소요된다.[24] 실제로 메일함의 하위 폴더가 20개 이상이면 너무 복잡해져서 관리할 수 없다는 연구 결과가 있다.[25] 폴더가 너무 많으면 무엇을 어디에 저장하는 것이 좋을지 고민하느라 시간이 걸릴 수 있고, 결정적으로 무엇을 어디에 저장했는지도 기억하지 못할 수 있다.

두 번째 유형은 몇 달마다 받은 메일함을 정리하는 '정기 정리 유형'이다. 이런 사람들은 아무것도 찾지 못할 정도로 이메일을 쌓아두다가 어느 순간 대부분 삭제한다. 그러고 나서 한동안 받은 메일함을 텅 비워두지만, 시간이 지나면 또다시 이메일이 쌓이는 악순환을 반복한다. 난잡하게 어질러놓고 살다가, 어느 날 싹 정리하면서 정작 중요한 메시지를 잃어버리는 양극단을 오가는 것이다. 꽉 찬 메일함을 비워버리는 순간 느끼는 희열을 누가 모를까? 하지만 실수로 중요한 메시지를 삭제했다면 그러한 희열은 바로 절망으로 바뀐다.

세 번째는 받은 메일함에 이메일을 그냥 쌓아두는 '뒤죽박죽 유형'이다. 이들은 정리를 어떻게 하는지 몰라서 안 하거나, 아예 이런 영역에 신경 쓰기 싫어한다. 오로지 프로그램이 제공하는 검색 기능만 믿고 이용한다. 요즘의 검색 기술은 매우 발달했지만, 관련성 없는 메시지보다는 관련성 있는 메시지를 검색하는 것이 훨씬 더 빠르고 정확한 것은 당연하다.

이메일을 관리하는 방법이 복잡하거나 시간이 많이 걸려서는 안 된다. 간단하게 앞으로 필요한 이메일만 간직하고, 적절하게 분류해놓은 폴더 몇 개에 나누어 저장하는 것이 좋다. 그러니 먼저 받은 메일함부터 정리해보자. 받은 메일함은 처리할 이메일을 일시적으로 보관해놓는 공간이다. 영구적으로 간직하고 싶은 이메일을 보관하는 곳도 아니고, 받은 메일을 전부 보관해두는 곳도 아니다. 어떤 메일을 남길지 버릴지 결정할 때는 다음과 같이 질문해본다.

· 향후 업무 처리에 필요한 메일인가(메일로 주고받은 내용을 재확인하거나 이메일 대화 내용을 기록한 문서가 필요할 때가 가끔 있다.)?
· 다시 읽었을 때 향후 업무에 도움이 되는 지식과 영감, 동기부여를 얻을 수 있는 메일인가?

핵심은 자기 자신은 물론 직업과 직무에 합당한 정리법을 찾아야 한다는 점이다. 디지털 문서를 정리할 때처럼 폴더 수는 보통 10개 이하가 적당하다. 연관된 프로젝트에 관련된 이메일은 같은 폴더에 저장해도 검색해서 찾을 수 있다. 블로그와 인스타그램, 페이스북 등 소셜미디어에서 보내오는 소식이라면 이를 모두 포괄하는 폴더를 만들 수 있다. 관리자에게 받은 정책 관련 이메일 같은 것을 보관하는 기록 보관 폴더도 유용하다.

나는 '설렘 폴더'를 만들어두길 좋아한다. '설렘 폴더'에는 일진이 나쁜 날 읽어보면 좋은 이메일을 보관해둔다. 좋은 수업을 들었다는 학생들의 감사 메일, 내 연구를 높이 평가하는 다른 학자들의 칭찬 메일, 내 컨설팅이나 강연에 흡족해하는 고객들의 칭찬 메일이 이 폴더를 차지하고 있다. 간직하고 싶은 중요한 첨부파일은 보통 다른 디지털 문서와 함께 해당하는 폴더에 보관해두는 게 훨씬 낫다.

받은 메일함을 말끔하게 정리하고 나면 기존 폴더를 살펴보자. 먼저 남길 만한 폴더를 찾아낸다. 모든 메일을 저장해두면 검색하는 데 시간이 엄청나게 많이 걸린다. 그러니 더 이상 필요 없는 폴더는 삭제하는 것이 좋다. 나는 예전에 했던 수업 폴더는 삭제한다. 물론 이때는 데이터 보유에 관련된 조직의 규정을 반드시 확인해보고 준수해야 한다. '보낸 메일함'은 그대로 둔다. 필요하면 검색해서 찾으면 되므로 보낸 메일함의 메일을 하나하나 살펴보고 선별할 필요가 없다.

마지막으로 이메일은 매일 처리한다. 받은 메일은 모두 간직한다는 생각을 버리고, 타당한 이유가 없는 한 받은 메일은 모두 버린다는 각오를 다진다. 이메일 처리 시간은 하루를 시작할 때와 마무리할 때처럼 몇 차례로 나누어 정해두는 것이 가장 좋다. 그럼 아침에 읽고 답장해야겠다고 생각한 메일을 그날 안에 처리할 수 있다. 게다가 방해 요소가 적어져서 가장 중요한 업무에 집중할 수 있다. 주변 사람들에게도 이메일을 상시 확인하지 않는 당신의 방식을 알리고, 긴급한 문제가 있을 때 연락할 다른 방법을 제시하자.

지금까지 소개한 방법이 자신에게 맞지 않는다고 생각하는 독자들이 있을 수도 있다. 특히 평소 메일함을 정리하지 않는 이들은 이렇게 말할 가능성이 있다.

"너무 오랫동안 이메일을 정리하지 않아서 가망이 없어요."

이메일을 정리할 엄두가 도저히 나지 않는다면 간단한 비결이 하나 있다. 먼저 모든 이메일을 아카이브 폴더로 보낸다. 가끔 엉뚱한 검색 결과가 나올 수도 있지만, 필요한 것은 아카이브 폴더에서 검색해 찾을 수 있다. 다음에는 10개 이하의 폴더를 이용해 간직하고 싶은 이메일을 보관하고 체계적으로 정리하자. 디지털 잡동사니를 받은 메일함에서 아카이브 폴더라는 보관 메일함으로 옮기는 게 무슨 소용이 있나 싶은가? 어쩌면 이메일을 완벽하게 정리하는 편이 더 생산적일지도 모른다. 하지만 자신의 디지털 데이터를 보다 잘 통제하고 있다는 생각을 일깨워보길 권한다.

어떤 식으로 관리하든, 이메일 수가 적을수록 좋다는 데는 이의가 없을 것이다. 이메일과 업무를 혼동해서는 안 된다. 이메일은 업무를 처리하는 여러 도구 중 하나일 뿐이지 업무 자체가 아니다.

먼저 뉴스레터와 메일링 리스트부터 살펴보자. 뉴스레터와 메일링 리스트 구독은 업무를 보다 잘 수행하는 데 도움을 줄 수도 있다. 정말 그럴까? 진실의 시간을 가져보자. 이상적인 직장생활 구현에 도움이 되는 것은 무엇인가? 반대로 방해 요소에 불과한 것은 무엇인가? 모든 뉴스레터와 메일링 리스트를 구독 취소한다는 각오로 정리하고 꼭 필요한 것, 정말 가슴 뛰게 만드는 것만 남겨라.

다음으로 다른 사람들에게 보내는 이메일 수를 줄인다. 보내는 이메일이 적어질수록 받는 메일도 적어진다. 업무 처리에 꼭 필요한 이메일만 보내면 다른 사람들에게도 모범이 될 수 있다. 메시지를 복사해 누군가에게 보내기 전에 잠깐 멈추어 자신의 마음을 솔직하게 들여다볼 필요가 있다. 정말로 정보를 제공해야 하거나 답장을 받아야 하는 사람이라서 이메일 회신 목록에 추가하는 것인가? 그렇다면 바람직하다. 당신이 요구하는 조치를 책임지고 취해야 하는 사람이나 의논해야 하는 사람, 혹은 정보를 제공해야 하는 사람에게만 이메일을 보내자. 상황에 따라 적절하다 싶으면 동료들과 대화를 나누고 그들이 어떤 소통 방식을 선호하는지 알아보자.

—— 스마트폰에 집중력을 도둑맞고 있다면

1인당 하루에 스마트폰을 만지는 횟수는 평균 85회로, 그 시간을 다 합산하면 5시간이 넘는다.[26] 그럴 수밖에 없는 이유가 있다. 스마트폰에 깔려 있는 많은 앱이 우리가 눈을 떼지 못하도록 하기 때문이다.

여기에 충격적인 사실이 하나 있다. 스마트폰이 울리지 않고 조용히 책상 위에 놓여 있기만 해도 업무 처리 능력이 떨어질 수 있다는 것이다. 한 실험에서 연구자들은 참가자들에게 스마트폰을 책상, 주머니나 가방, 혹은 다른 공간 중 한 곳에 두라고 했다. 그러고는 모든 참가자에게 연산과 간단한 기억력 테스트를 포함한 동일한 과제를 지시했다. 스마트폰 알람은 모두 무음으로 바꿔놓았고, 책상 위에 올려놓은 스마트폰은 화면이 보이지 않게 엎어놓았다. 참가자 모두 메시지나 알람이 왔는지 알 수 없는 상황이었다.

실험 결과는 놀라웠다. 스마트폰에 접근하기 쉬울수록 연산과 기억력 테스트 결과가 나빠진다는 것이었다.[27] 그중에서도 책상에 올려둔 스마트폰이 가장 접근하기 쉬웠다. 다시 말해 스마트폰의 존재 자체가 과제 수행 능력을 떨어뜨린다는 뜻이다. 스마트폰을 안 본 사이에 뭔가 놓치는 건 아닐지 궁금해하고, 스마트폰으로 뭘 할 수 있을까, 하는 생각에 정신이 팔리기 때문이다. 연구자들은 스마트폰이 근처에 있다는 것을 아는 상태에서는 화면이 보이지 않아도 산만해지고 정신적으로 지친다는 결론을 내렸다. 또 다른 연구에서는 스마트폰을 소지한 채 시험을 보는 학생의 성적이 떨어진다고 했다.[28]

물론 스마트폰은 생산성 향상에 도움을 줄 수도 있다. 하지만 스마트폰 중독은 업무에 방해가 된다. 꼭 필요한 알람을 제외한 모든 알람은 꺼놓고, 필요 없을 때는 눈에 보이지 않는 곳에 두는 것이 좋다. 조금 과할 수도 있지만 식사 중에는 스마트폰을 꺼놓거나, 밤에는 멀리 두고 자라는 말까지도 하고 싶다.

최근 연구에 따르면 미국인 중 거의 4분의 3이 화장실에도 스마트폰을 갖고 간다고 한다.[29] 장담하는데 변기 물을 내리고 나올 때까지 기다려주지 못하는 긴급한 이메일이나 메시지, 알람은 없다. 가는 곳마다 스마트폰을 들고 다닐 필요는 없다는 말이다.

스마트폰에 설치된 앱이 적을수록 방해 요소가 적어지고 휴대폰을 근처에 둘 이유도 줄어든다. 게다가 대부분의 사람들은 더 이상 필요 없는 앱인데도 삭제하지 않는다. 앱을 정리하면 영감을 부여하거나 잠재력을 높여줄 다른 무언가를 설치할 공간이 생기고, 배터리 수명도 길어질 수 있다.

이제 스마트폰을 집어 들고 앱을 하나하나 살펴보며 이렇게 질문해보자.

"꼭 필요한 앱인가?"

"탁월한 성과를 내는 데 도움이 되는 앱인가?"

생산성 관리 앱이든 비용 관리 앱이든 업무를 더욱 잘 처리하거나 이상적인 직장 생활에 한층 가까이 다가설 수 있게 해주는 앱이라면 간직해야 한다. 돈을 주고 구매한 거라서, 언젠가 쓸모가 있을지도 모른다는 이유로 잘 쓰지 않는 앱을 그대로 놔두지 말자. 앱을 깨워 사용할 그 언젠가는 절대 오지 않는다.

마지막 질문은 이것이다.

"나를 설레게 만드는 앱인가?"

위 세 가지 질문에 답해보고 간직할 가치가 없는 앱은 삭제한다. 설령 나중에 다시 필요해진다 해도 대부분 구매 이력이 남아 있으면 쉽게 다운로드할 수 있다.

불필요한 앱을 삭제한 다음에는 남은 앱을 카테고리별로 분류하고 홈 화면을 정리하자. 이때 각 앱의 목적과 사용 횟수를 생각해보고 카테고리별로 분류하는 것이 좋다. 가장 자주 사용하는 앱을 홈 화면에 모아두는 것도 방법이다. 아니면 '생산성', '회사', '소셜미디어', '여행' 등 폴더 몇 개로 나누어 앱을 보관하는 방법도 있다. 사용하는 앱이 많지 않다면 '직장'과 '집' 폴더, 2개로 나누어 보관할 수 있다. 여기서도 마찬가지로 사람마다 스마트폰 사용 방법이 다르기 때문에 정답은 없다.

잠시 마리에의 스마트폰 정리법을 알아보자. 그녀는 이메일과 캘린더, 앨범 등 자주 사용하는 앱을 홈 화면에 추가해놓고, 나머지는 '사업', '생활', '설렘' 폴더에 넣어둔다. 10개 정도의 앱만 3

페이지에 나누어 홈 화면 상단에 나란히 꺼내놓는다. 그렇게 하면 스마트폰을 들여다볼 때마다 열정과 아이디어를 떠올리게 하는 것들을 볼 수 있다. 어질러진 홈 화면을 보며 짜증 내기보다는, 어떻게 하면 홈 화면을 자신의 잠재력을 키워주는 도구로 만들지 생각하며 정리하는 편이 훨씬 즐겁다.

기술의 도움을 받아 생각지 못했던 영감과 아이디어를 떠올리고, 업무 처리 능력을 향상시켜나가고, 탁월한 성과를 낼 방법을 보다 확실하게 찾아보자. 디지털 파일과 이메일, 스마트폰 앱은 직장 생활을 통째로 넣어두는 창고가 아니다. 당신의 업무와 성과에 도움을 줄 도구에 불과하다는 사실을 잊지 말자. 언제나 기술이 아닌 당신이 주인이다.

5장

잡동사니 활동이 하루를 망치고 있다면_ 시간 정리하기

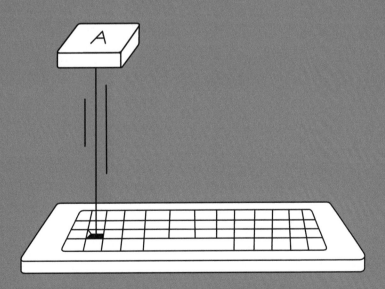

크리스티나(Christina)의 하루는 보통 아침 6시에 시작되어 그
녀가 부엌에서 시리얼 한 그릇을 먹는 자정쯤 끝나곤 했다. 하루
중 유일하게 식사를 챙겨 먹는 이때가 집에서 조용히 보내는 흔
치 않은 시간이었다. 크리스티나는 기업가 정신과 남을 돕고 싶
은 열정을 쏟아부어 대규모 비영리단체의 사내 스타트업을 운영
했다. 분명 그녀에게 잘 맞는 일처럼 보였다. 그런데 무엇이 그
녀의 일상을 엉망으로 만든 걸까?

문제는 '일정'이었다. 크리스티나는 하루 중 대부분을 감당하
기 힘들다 싶을 만큼 많은 일을 하며 보냈다. 그녀는 직장에서
인정받지 못하는 것 같은 느낌이 들자 공부를 시작했다. 자원봉

사 업무와 석사 학위 준비를 병행하면 훨씬 더 똑똑하고 생산적인 사람이 될 것이라 생각했다. 하지만 현실은 달랐다. 게다가 그렇지 않아도 빡빡한 일정이었지만, 그녀는 누가 시간을 내달라고 부탁하면 흔쾌히 들어주었다. 누군가의 요구를 거절해 관계가 어색해지는 것보다는, 나중에 해주겠다고 승낙하는 편이 훨씬 쉬웠다. 또 그녀는 일단 자신의 일정에 넣은 것은 변경 없이 지켜야 한다고 생각했다. 결국 그녀의 일정은 6주 후까지 빡빡하게 차 있었다.

그 결과 크리스티나는 녹초가 되고 말았다. 가족이나 친구와 지내는 시간이 거의 없다 보니 그녀의 사생활은 전무하다시피 했다. 자신의 건강을 돌보지 않고 데이트도 하지 않아 침울해지는 것 같았다. 크리스티나는 시간을 어떻게 조직할지 몰라 일정에 휘둘렸다.

크리스티나는 그러한 인생에서 탈피하려고 제일 먼저 그녀가 꿈꾸는 이상적인 직장 생활을 그려보았다.

"즉흥적으로 무언가를 시도할 수 있는 여유를 갖고 싶어요. 기차가 연착하거나 걸음이 느린 작은아이 뒤를 따라가도 조바심내고 싶지 않아요. 늦었을지도 모른다고, 빡빡하게 짜놓은 하루가 통째로 날아가버릴지도 모른다고 좌절하고 싶지 않아요. 화도 덜 내고 싶고요."

이렇게 이상적인 직장 생활을 그려본 후에는 캘린더에 써둔 모든 일정을 스프레드시트로 내보냈다. 그러고는 각 활동에 투자하는 시간을 기록해 이상적인 시간 활용법과 비교했다. 각 활동의 설렘 지수도 평가했다. 그러자 크리스티나 자신도 믿기 어려운 결과가 나왔다. 자기 시간의 절반 이상을 아무런 감흥도 없고 가치도 없는 활동에 쏟아붓고 있었던 것이다. 그저 엉뚱한 일에 시간을 투자하고 있을 뿐이었다.

이 사실을 깨달은 크리스티나는 타인의 요청에 무조건 '예'라고 대답하는 것을 그만두었다. 그리고 가장 중요한 활동이 아니면 전부 거절한다는 방침을 세웠다.

"저한테 아무런 감흥도 주지 않는 일을 하는 것이 진짜 문제였는데, 그 상황을 바꿀 생각은 하지 않았죠. 그냥 거기에 제 열정을 깨워주는 일을 더하면 행복해질 것 같아서 안 그래도 빡빡한 일정을 더 빡빡하게 만들었어요."

이후 크리스티나는 지킬 가치가 없다 싶은 약속은 정중하게 취소했다. 상사들이 종종 별다른 안건도 없이 계획해놓고 늦게 참석하는 정기 회의도 예외는 아니었다. 또 크리스티나는 상대방에게 30분짜리 약속을 간략한 전화 통화로 대체하자고 요청했다. 그녀의 이러한 행동에 당혹스러워하는 사람들도 몇몇 있었지만, 대부분은 이해해주었다. 이와 함께 마감 시한을 맞춰야 한다는 핑계를 대고 사람들에게 일정을 재조정해달라고 했다. 소수에 불과했지만 몇몇 사람들은 일정을 재조정해주었다. 다시 말해 그러한 만남이 가치 없다고 생각한 사람이 그녀 혼자만은 아니었던 것이다.

물론 크리스티나가 업무상 책임져야 하는 일이 있었다. 직장을 잃지 않으려면 이메일에 답장해야 했고, 다른 여러 업무를 처리해야 했다. 하지만 그러면서도 필요 없는 다수의 활동을 삭제한 덕분에 여유가 생기자 크리스티나는 제때 식사를 하고, 자주 운동할 수 있었다. 주말에는 친구들을 만나는 소소한 즐거움도 맛볼 수 있었다. 그리고 머지않아 인생의 사랑을 찾아 약혼에 골인했다! 그녀의 사생활이 활기를 띠게 된 것이다.

게다가 새로운 기회가 찾아왔다. 예를 들면 식사를 즐기다가 스타트업 임원과 대화를 나누고, 곧바로 일자리를 제안받았다. 우연한 만남에서 자신이 원하던 기회를 얻은 것이다. 덕분에 그녀의 가치와 시간을 높이 평가해주는 일과 업무 환경을 찾을 수 있었다.

무슨 일을 하든 좌절을 피할 수는 없다. 크리스티나의 새로운 일도 예외는 아니었다. 하지만 크리스티나는 더 이상 무엇이든 수락하는 사고방식의 노예가 아니었다. 무슨 요구든 다 들어주는 바람에 의미 없는 일정에 파묻혀 지내는 삶에서 탈피할 수 있었다. 크리스티나는 이렇게 말한다.

"지금 제가 하는 일이 전부 신나고 설레는 건 아니에요. 하지만 지금은 기대되는 프로젝트인지 아닌지 잘 감지할 수 있어요. 공동 작업이 설레지 않는다면 뭔가 변화를 줘야 한다는 신호죠."

—— 불필요한 활동이 하루를 망친다

직장에서 열정과 의욕을 증폭시키는 비결은, 가슴 뛰게 만드는 활동에 시간을 쏟고 그렇지 않은 활동을 줄여나가는 것이다. 하지만 현실의 직장 상사는 필요한 시간의 반밖에 안 되는 시간 내에 처리하라면서 업무를 던져준다. 게다가 빨리빨리 처리해달라는 동료나 고객의 요청에, 갑자기 치고 들어오는 업무에 이리 뛰고 저리 뛰다가 하루가 엉망이 되기도 한다. 이런 현실에서 어떻게 내 시간을 찾아 효율적으로 쓸 수 있을까?

잡동사니 활동을 잡아내는 법을 배우면 근무시간을 단축하고 의욕을 높일 수 있다. 잡동사니 활동은 귀중한 시간과 에너지를 빼앗아가면서도 개인적이거나 직업적인 사명, 심지어 회사에도 의미 있는 변화를 가져다주지 못하는 것을 말한다. 새로운 정보나 더 나은 의견이 나오지 않는 회의, 완수할 가망이 거의 없는 프로젝트, 공들여 만들었지만 실질적인 내용이 부족한 프레젠테이션 등이 잡동사니 활동이다. 직장인들이 본업에 쏟아붓는 시간은 평균적으로 근무시간의 절반도 되지 않는다.[30] 나머지 시간은 불필요한 업무, 행정 업무, 이메일 처리, 회의 등 온갖 방해꾼이 잡아먹는다. 어쩌다 이렇게 됐을까?

심리학에서는 잡동사니 활동에 빠지게 하는 세 가지 함정을 제시한다. 첫째는 일을 과하다 싶게 열심히 해도 좋은 결과를 얻지 못하는 '과잉 노력의 함정'이다.[31] 둘째는 중요한 일보다 긴급한 일을 우선시하는 '긴급 작업의 함정'이다. 셋째는 '멀티태스킹의 함정'이다.

—— 가치 없는 일에 너무 많은 노력을 기울일 때 : 과잉 노력의 함정

열심히 일하면 보상을 받는다고 말해주고 싶은 마음은 굴뚝 같다. 노력해서 무엇인가를 성취하면 진짜 기분이 좋다. 그런데 만약 가치 없다고 생각하는 목표를 위해 에너지를 쏟아부었고, 이것이 모두 물거품이 되어버린다면 어떨까?

심리학자들이 '과잉 노력'이라 칭하는 이런 헛수고는 일반적인 직장인들이 정기적으로 겪는 일이다. 예를 들어 당신이 한 실험에 참가했다고 가정해보자. 어떤 방에 들어가 즐거운 음악을 들으며 휴식을 취하는 실험이다. 기분이 아주 느긋해질 것이다. 그런데 편하게 쉬는 시간을 반납하면 초콜릿을 얻을 수 있다. 편안한 음악을 멈추고 톱으로 나무를 자르는 짜증스러운 소리를 틀면 휴식은 끝나지만 초콜릿을 얻는다. 이렇게 얻은 초콜릿은 이 실험이 끝난 후 바로 먹어야 한다. 누군가에게 나눠주거나 내일 먹으려고 보관해둬서도 안 된다.

초콜릿을 좋아하는 내가 이 실험에 참가한다면 초콜릿을 얻으려고 노력할 것이 분명하다. 실제로 이 실험에 참가한 대부분의 사람들도 마찬가지였다. 그런데 여기서 문제가 생겼다. 초콜릿이 손에 들어오자 그만두기가 힘들어졌던 것이다. 실험이 끝날 무렵, 참가자들은 먹을 수 있는 양보다 훨씬 많은 초콜릿을 얻었다. 말할 것도 없이 먹고 싶은 초콜릿 양을 초과했다.

이 실험은 사람들이 중요하지 않은 일에 얼마나 쉽게 많은 에너지를 투자하는지 보여준다. 실험 참가자들은 만족할 만큼만 얻으면 된다는 사실을 잊어버린 채 최대한 많은 초콜릿을 얻으려고 했다. 원하는 보상을 얻으려고 시간을 투자한 것이 아니라 지칠 때까지 계속한 것이었다. 그리고 과잉 노력을 하면 할수록 힘들게 얻은 초콜릿에 대한 만족도는 떨어졌다. 노력의 결실을 즐길 수 없었던 것이다. 아니, 더 정확하게 말하자면 노동으로 얻은 초콜릿을 먹어도 무슨 맛인지 알 수 없었다!

인간이라면 누구나 보상과 경쟁을 추구하지만, 그 때문에 잘못된 길로 들어서기 쉽다. 시간 관리 계획을 세울 때 가치 없다고 생각하는 보상을 받으려고 좋아하는 활동을 포기해서는 절대 안 된다. 자신이 누구인지, 진정으로 원하는 것은 무엇인지 알고 염두에 두면 잘못된 목표를 추구하다가 후회하는 사태를 막을 수 있다.

—— 가장 급한 일은 가장 중요한 일이 아니다 : 긴급 작업의 함정

한시가 급해 보이는 일을 처리하고 나면 또 다른 급한 일이 기다리는 경우가 많다. 이렇게 이어지는 일을 처리하다 보면 정작 가치 있고 중요한 일, 영감을 주는 일에 집중할 시간을 내지 못한다. 결국 생각할 시간이나 성장할 시간이 거의 없어진다. 연구에 따르면 경영진의 활동 중 절반은 지속 시간이 채 9분도 되지 않아 깊이 생각할 시간이 거의 없다고 한다.[32] 공장 감독들은 8시간 교대 근무 중 평균 583개의 각기 다른 활동을 한다.[33] 중간 관리자급 직원이 아무런 방해도 받지 않고 일하는 시간은 평균적으로 이틀에 30분이나 그 이상이었다.[34]

대부분의 사람들과 비슷하다면 당신도 실제로 가장 중요한 일을 하기보다는, 자동적으로 가장 급한 것 같은 일을 처리할 것이다. 이렇게 한시가 급한 일에 치여 허덕이다가 실수를 하고, 고용주에게 분노하고, 화를 내는 사람들이 전체의 50%가 넘는다는 사실은 놀랄 일도 아니다.[35]

가장 급한 일이 가장 중요한 일이라는 심리적 착각에 빠져 우선순위를 잘못 정하지 말자. 급한 일과 중요한 일은 엄연히 다르다. 이 둘을 혼동해서는 안 된다. 급한 일은 일정 시간 내에 완수해야 하는 일이다. 그렇기 때문에 정해진 시간이 지나면 하고 싶어도 할 수 없다. 고객과 저녁 식사를 하고, 동료의 프로젝트 마감을 도와주고, 연례 워크숍에 참가하는 일이 그렇다.

반면 중요한 일은 하느냐 마느냐에 따라 긍정적이거나 부정적인 결과가 나온다. 예를 들면 독서와 교육을 통한 개인적 성장과 상품 업데이트, 동료들과의 좋은 관계 맺기는 중요한 일이다.

중요하면서 급한 일도 있다. 대부분의 사람들이 우선시하는 일이다. 세금 신고하기, 일자리 제의에 답하기, 화난 고객 달래기 등이 여기에 속한다. 물론 급하지도 않고 중요하지도 않은 일은 당연히 뒤로 미뤄야 한다. 아무 생각 없이 소셜미디어를 확인하거나 일하다 말고 온라인 쇼핑몰에 들어가는 것 등이 뒤로 미뤄야 할 일이다(최소한 대부분의 경우는 말이다).

급하지만 중요하지 않은 일은 어떻게 해야 할까? 모임에 참석하거나 동료의 전화에 응답해야 한다면? 아니면 장기 경력 계획 세우기처럼 중요하지만 급하지 않은 일은 또 어떻게 해야 할까? 잠시만 곰곰이 생각해보자. 오늘 무슨 일을 할 것 같은가? 아마 급한 일이 기다리고 있을 것이다.

사람들이 대체로 중요한 일보다 급한 일을 우선시하는 데는 이유가 있다. 중요한 일은 급한 일보다 완수하기가 훨씬 더 어려워 쉽게 시작하지 못한다. 반면 급한 일은 좀 더 즉각적인 보상이 따르기 때문에 빨리 시작해서 끝내고 싶은 일이다. 단기적 만족이 목표라면 급한 일을 우선 처리해도 무방하다. 하지만 장기적으로는 자신의 경력과 회사에 진정으로 필요하고 의미 있는 일은 하지 못하게 된다.

게다가 '가짜 마감 시한'에 속아 급한 일 처리에 치중하는 경우도 있다. 직장에서는 가짜로 급한 일이 무척 많다.[36] 동료나 고객이 일주일 내로 연락 달라고 했을 때, 그 일주일이라는 마감 시한이 어떻게 정해진 건지 궁금한 적이 있지 않았는가? 이러한 시한은 대부분 자의적으로 정하기 일쑤다. 그러므로 맡은 일의 마감 시한이 진짜 마감 시한인지 아닌지 한 번 더 확인해야 한다.

—— 인간이 한 번에 할 수 있는 일은 정해져 있다 : 멀티태스킹의 함정

여러 가지 일을 동시에 처리하는 멀티태스킹 능력자들을 만나봤을 것이다. 한때는 나도 그런 사람들을 무척 부러워했다. 두

가지 일을 동시에 처리하면 얼마나 많은 시간을 절약할 수 있을까 생각하곤 했다. 하지만 나는 조직심리학자로 활동하면서 한 가지 작은 비밀을 알아냈다. 사람들이 어떻게 생각하든, 사실은 멀티태스킹 실력자들이야말로 생산성이 가장 떨어지는 부류라는 것이다.

멀티태스킹에 관해 밝혀진 두 가지 놀라운 사실이 있다. 첫째, 멀티태스킹은 생산성을 무려 40% 감소시킨다.[37] 둘째, 멀티태스킹 실력자들은 보통 일을 성공적으로 처리할 가능성이 가장 낮은 사람들이다. 이들은 한 번에 많은 일을 처리할 수는 있어도, 그중 잘하는 일은 대체로 하나도 없다.

인간의 뇌가 한 번에 처리할 수 있는 일은 제한되어 있다. 한 번에 너무 많은 일을 처리하면 한 가지를 특별히 잘하기는커녕, 몇 가지를 엉망으로 처리하게 된다. 대부분의 사람들이 생각하는 것과 달리 멀티태스킹은 몇 가지 활동을 동시에 하는 것이 아니다. 보통은 한 가지 일에서 다른 일로 빠르게 전환하면서 그 어떤 일도 효과적으로 처리하지 못하는 것이다.[38] 결국 한 가지 일에 제대로 집중하지 못하거나, 이 일에서 저 일로 빠르게 전환하기 때문에 실수가 많을 가능성이 높다.[39]

게다가 멀티태스킹을 계속하다 보면 활동의 우선순위를 잘못

정하게 된다. 긴급 작업의 함정에 빠진 사람들처럼 멀티태스킹 실력자들도 보다 중요한 장기적 목표 달성에 필요한 일보다는, 당장 눈앞에 닥친 일에 지나치게 치중한다. 업무 난도가 높아질수록 멀티태스킹의 부작용이 더욱 심해진다.[40]

그렇다면 사람들은 왜 오히려 생산성을 떨어뜨리는 멀티태스킹을 추구하는 걸까? 보통은 특별히 잘해서 멀티태스킹을 하는 게 아니다. 방해 요소를 차단하기 힘들고, 한 가지 일에 집중하지 못하는 문제를 보완하기 위해 한 번에 여러 일을 하는 것이다.[41] 그러니 멀티태스킹 실력자들이 훨씬 더 생산적인 사람들이며 그들을 본받아야 한다고 생각하지 마라. 많은 일을 허술하게 처리하는 게 생산성을 높이는 길은 절대 아니다.

—— 모든 업무를 한데 모아 진짜 업무 찾아내기

꽉꽉 들어찬 일정 때문에 한 번에 해야 할 일이 너무 많다고? 이럴 때는 어떻게 해야 시간을 가장 잘 사용할 수 있을까? 과잉 노력과 긴급 작업, 멀티태스킹의 함정을 피하는 비결은 자신이 시간을 어떻게 쓰고 있는지 주의 깊게 살피고 그럴 만한 가치가 있는 활동에 더 많은 시간을 투입하는 것이다. 우선 하루 일정을 자신이 책임지고 계획하는 간단한 방법이 있다. 제거해야 하는 활동이 아니라 남겨야 하는 활동이 무엇인지 파악하는 것이다.

먼저 모든 업무를 한데 모은다. 마리에가 소개했던 물리적 업무 공간 정리처럼 각각의 업무도 직접 '만져서' 무게와 중요성을 느껴볼 수 있다. 색인 카드나 스프레드시트에 각각의 정기 업무를 기록해보자. 참고로 종이 문서를 읽으면 고려 대상을 좀 더 신중하게 평가할 수 있다는 연구 결과가 있다.[42] 따라서 업무 색인 카드 작성은 얼마만큼 쌓였는지 알아보려고 물건을 한곳에 모으는 것과 같다. 산더미처럼 쌓인 업무 색인 카드를 보면 현재 자신이 무슨 일을, 왜 하고 있는지 눈에 좀 더 확연하게 들어온다.

일반적으로 대부분의 업무는 핵심 업무와 프로젝트 업무, 자기 계발 업무라는 세 가지 유형으로 나뉜다.

핵심 업무

직장에서 자신의 존재 가치를 증명하는 핵심적인 일, 즉 현재 진행 중인 중심 활동이 핵심 업무다. 기업 관리자의 핵심 업무는 예산 편성과 기획, 시설이나 팀 운영 등이다. 과학자의 핵심 업무는 실험 계획과 데이터 분석, 결과 공유다. 교사라면 수업 계획과 시험지 채점이 될 것이다.

프로젝트 업무

프로젝트 업무는 시작과 끝이 따로 정해져 있는 업무다. 행사 계획과 홍보용 소책자 디자인, 혹은 신상품 출시 등이 프로젝트 업무에 속한다.

자기 계발 업무

자기 계발 업무는 연수와 독서, 회의 참석, 혹은 새로운 임무 수행처럼 성장이나 학습에 도움을 주는 업무다. 일과 사생활에 관련된 당신의 비전을 키워주는 일들이 이에 해당한다.

위의 세 가지 업무 유형 중 하나 이상에 속하는 업무가 있어도 걱정할 것 없다. 이런 업무는 가장 적절하다 싶은 유형으로 분류하면 된다. 이제 스스로가 시간을 어떻게 보내고 있는지, 자신의 시간 소비 행태가 바라는 직장 생활과 얼마나 일치하는지 파악할 수 있을 것이다.

개인적으로 성장할 수 있는 직장 생활을 꿈꾸는가? 그렇다면 자기 계발 업무가 다른 업무에 비해 상대적으로 얼마나 많은가? 스스로의 한계에 도전하는 삶을 살고 있는가? 충분히 많은 것을 배우고 있는가? 다른 사람들에게 필요한 만큼 피드백을 받는가? 사람들과 소통하는 직장 생활을 바란다면 다른 이와 함께 처리하는 업무가 얼마나 많은가? 어울리고 싶은 사람들과 함께 일하고 있는가? 스스로에게 이런 질문을 던지고 곰곰이 생각해볼 필요가 있다.

—— 바쁠수록 일하는 방식을 바꿔야 한다

한때 마리에는 일정이 너무 빡빡해서 신체적으로나 정신적으로 녹초가 되었다고 한다. 2015년, 그녀의 이름이 《타임》지가 선정한 '가장 영향력 있는 인물 100인'에 오른 직후였다. 전 세계에서 감당할 수 없을 정도로 많은 제의가 들어왔다. 당시 그녀는 곤마리 정리법을 나눌 좋은 기회라고 생각해서 가능한 한 모든 제의를 받아들였다. 하지만 첫아이까지 임신한 상태여서 엄청난 압박감에 몸과 마음이 피폐해졌다. 어떨 때는 감정을 다스리지 못해 하루를 마칠 무렵이 되면 눈물을 쏟아내기도 했다.

그녀의 목표는 곤마리 정리법을 전 세계에 전하고, 많은 사람들에게 정리를 통해 인생을 바꾸는 법을 가르치는 것이다. 하지만 스스로가 그렇게 살지 못하는데 어떻게 다른 사람들과 이를 공유할 수 있단 말인가? 마침내 그녀는 더 이상 이렇게 살 수 없다는 사실을 깨달았다. 앞으로는 인생에서 자신에게 가장 중요한 일을 우선시하겠다고, 바쁠 때일수록 더더욱 그렇게 하겠다고 다짐했다. 그리고 그때부터 일하는 방식을 바꾸기 시작했다.

이것은 비단 마리에만의 경험이 아니다. 요즘처럼 바쁘게 돌아가는 세상에서는 많은 사람들이 사생활을 희생해가며 일을 우선시한다. 문제는 꽉꽉 들어찬 일정과 과도한 업무가 방전 상태를 낳는다는 것이다. 정신력이든 체력이든 완전히 바닥나버리면 기발한 아이디어를 떠올리지도, 좋은 결과를 내지도 못한다. 좋아하는 일도 진저리 나게 싫어져서 계속하기 힘들어진다.

그러니 방전되기 전에 한정된 시간을 효율적으로 쓰게 해줄 계획이 필요하다. 이럴 때 필요한 것이 바로 업무 색인 카드다. 업무 색인 카드는 현재 당신이 하고 있는 일을 보여주는 거울과 같다. 거울을 들여다보면 무엇이 보이고 무엇이 느껴지는가? 사람들은 대부분 자신이 원하던 직장 생활에 좀 더 가까워질 기회가 보여도 자신이 없어 변화를 시도하지 못한다. 사소한 변화만으로 성과를 더할 수 있는 힘을 과소평가해서는 안 된다.

모든 업무를 한데 모으고 나면 가장 정리하기 쉬운 것(주로 핵심 업무)부터 살펴보자. 그런 다음에는 프로젝트 업무와 자기 계발 업무 순으로 처리한다. 각각의 업무를 하나하나 살펴보면서 이렇게 질문해본다.

· 아주 잘 처리해야 하는 업무인가?
· 당신이 꿈꾸는 미래를 보장해주는 업무인가? 월급 인상과 승진, 혹은 새로운 기술과 지식을 습득하는 데 도움이 되는 업무인가?
· 가슴 뛰는 일인가? 직업 만족도를 높여주는 일인가?

이러한 기준 중 어느 하나에도 부합되지 않는 업무는 즉시 멈춰야 한다. 만약 반드시 해야 하지만 설레지 않는 업무가 너무 많다면 어떻게 해야 할까? 혹은 계속할 이유가 없는 업무인데도 상사가 그만두지 못하게 한다면? 당신의 업무는 다른 사람에게 큰 도움을 줄 수도 있다. 그런데 당신이 이 사실을 인지하지 못한다면 얼마나 안타까운 일인가? 이 사실을 깨닫기만 하면 업무가 보다 의미 있는 일이 된다.

이럴 때 내가 따르는 간단한 규칙이 하나 있다. 바로 '수혜자 테스트'를 시도해보는 것이다. 이 테스트는 아주 솔직하게 임해야 한다. 당신이 보내는 주간 보고서를 읽고 결정을 바꾸는 사람이 있는가? 이런 식으로 당신의 업무로 도움받는 이들을 조사해 업무 유용성을 평가할 수 있다. 당신의 업무가 다른 사람들이 가치 높게 평가하는 일이라면, 그 일에서 새로운 의미를 찾아낼 수 있다.

이렇게 해도 여전히 남길 만한 업무인지 확신이 서지 않는다면 상사와 의논해보자. 당신의 수혜자 테스트 결과를 상사에게 보여주는 것이다. 당신은 중요하지 않다고 생각하지만, 상사는 그 일의 중요성을 발견할 수도 있다. 이런 방법으로 그 업무를 남길지 버릴지 결정할 때 영향을 미칠 만한 숨은 요소를 찾아낼 수 있다.

수혜자 테스트를 하고 나서는 버리고 싶은 업무의 가치에 대해 동료들과 의견을 나누고, 그 업무를 수행하는 대신 버려야 할 것을 상사에게 이야기해보자. 이 모든 시도에 끄떡도 하지 않는 상사는 상식이 통하지 않는 사람일지도 모른다. 물론 이직할 게 아니라면 참고 견디는 수밖에 없다. 가끔 상상하는 것처럼 직장 상사를 내던져버릴 수는 없으니까.

다음으로 남은 업무를 한눈에 볼 수 있게 업무 색인 카드를 늘어놓는다. 이제 자신이 어떤 유형의 일을 하고 있는지 보이는가? 직함과 경력 기술서가 당신이 하는 일을 설명해주겠지만, 당신의 업무는 그와 다른 이야기를 할 수도 있다. 남아 있는 당신의 업무가 영감을 주는 일이거나 의미 있는 커리어를 보장해주는 일인가? 혹시 정리를 끝냈는데도 남아 있는 업무가 이상적인 직장 생활을 실현하는 데 별 도움이 되지 않는 것 같은가? 그렇다면 지금부터 소개하는 몇 가지 방법을 시도해보자.

정리하고 남은 업무에 만족하는 사람은 이상적인 직장 생활을 실현하기 위해 정기적으로 업무를 점검하길 권한다. 그 과정에서 자신에게 주어진 새로운 업무는 할 만한 가치가 있는지 확실하게 살펴보고 나서 수락하는 것이 현명하다.

—— 죄책감 따위는 날려버려라

제대로 해낼 시간적 여유만 있다면 지금 하고 있는 일을 좋아할 것 같은가? 나는 그렇다고 느낀 적이 많았다. 대학원을 졸업하자마자 조교수로 가르치는 일을 시작했는데, 석좌교수가 되면서 연구와 교수라는 핵심 업무에서 벗어나 각종 위원회나 행사에 참여해달라는 부탁을 받는 일이 점점 많아졌다. 좋은 동료가 되고 싶었던 나는 대부분의 요청을 승낙했다. 그렇게 하는 게 옳은 일인 것 같았고, 시간도 많이 걸리지 않았다. 하지만 그런 일이 쌓이자 정작 내게 가장 중요한 프로젝트의 진척 속도가 느려졌다.

보통 우리는 그럴듯한 이유에 따라 요청을 수락한다. 그중에는 누군가에게 도움이 되는 것 같은 것, 혹은 그 자체로 흥분되는 것도 있다. 경력에 보탬이 되거나, 동료들과 즐겁게 어울리도록 해주는 것도 있다. 하지만 당신의 그 어떤 바람도 들어주지 못하는 요청이 약간, 혹은 지나치게 많을지도 모른다.

최근에 나는 모든 부탁을 무조건 들어주고 싶은 충동을 잠재우는 데 도움이 되는 연구 결과를 발견했다. 일반적으로 사람들은 거절했다가 죄책감을 느끼는 게 싫어서 지나치게 많은 부탁을 들어준다는 것이다. 죄책감 따위는 날려버리자. 지금도 이미 과하다 싶게 열심히 일하고 있지 않은가(당신의 업무 목록이 얼마나 긴지 잘 살펴보자)? 이런 충동을 잠재우는 간단한 해결책은 잠시 멈추는 것이다.

누구나 협력을 잘한다는 소리를 듣고 싶어 한다. 그래서 부탁은 거절하지 말아야 한다는 사회적 압력에 시달린다. 이럴 때 효과적인 방법은 결정을 미루는 것이다. 누군가의 부탁에 그저 이렇게 말하자.

"생각해보고 나중에 연락할게요."

그러면 상대가 부탁하는 일이 당신의 성장에 도움이 되는 일인지 판단할 시간적 여유가 생긴다. 고민해봤는데 그런 일이 아니라면 정중하게 거절하자. 섣불리 약속하지 않고 생각할 시간을 가지면 당신에게 도움이 되지 않는 일은 거절하고, 설레는 일은 승낙하기가 훨씬 수월해진다는 연구 결과도 있다.[43]

── 가치 있는 일에
   더 많은 시간 쏟기

능력과 잠재력을 키우는 데 방해가 되는 활동을 배제하고 나면, 정말로 원하던 일을 시작할 여유가 생긴다. 자원해서 누군가를 돕거나 부수적인 프로젝트를 시작하는 등 새로운 일을 시도하면 직업 만족도가 높아진다는 연구 결과가 있다.[44]

그리고 이러한 새로운 업무 수행의 진가를 알아보는 상사가 있을 수 있다. 몇몇 기업은 직원들이 근무시간에 의욕이 샘솟는 일을 찾아서 할 수 있도록 허가해주는 공식적인 제도를 시행한다. 물론 상사의 간섭이 심해서 일하는 방식을 선택할 여지가 거의 없다면 이런 업무를 찾아서 하기가 훨씬 더 어려울 것이다. 하지만 회사에도 득이 되고 본인에게도 동기부여가 되는 업무를 매일 찾아낸다면 성공 가능성이 높아질 것이다.

날마다 영감을 부여하고 잠재력을 높여주는 일을 더하자. 예를 들어 나는 종이 신문 읽기를 좋아한다. 종이 신문에 실린 기사는 읽는 순간 낡은 유물이 되어버리지만, 디지털 방해꾼들 없이 현재의 소식을 찾아보는 게 내게는 무척 설레는 일이다.

—— 때로는 일상에
빈 공간이 필요하다

가끔은 휴식을 취해야 업무 생산성이 높아진다. 그러니 일정의 일부는 '완전히' 비워두는 게 좋다. 제대로 들은 게 맞느냐고? 그렇다. 진심으로 하는 소리다. 가끔은 일을 적게 해야 더 많이 할 수 있다는 연구 결과가 있다.[45] 휴식 시간을 가지면 활력뿐 아니라 아이디어를 창출할 시간이 생겨 창의성이 향상된다.[46]

사실 인간은 걷기나 낙서하기 등 아무 생각 없이 하는 듯 보이는 활동을 할 때도 무의식적으로 깊은 생각에 빠져 있다. 이때는 자신을 재단하지 않기 때문에 창의적인 생각을 떠올리기 쉽다. 문제를 해결하고 혁신을 증진하는 새로운 방법을 찾을 수도 있다.[47] 일정이 처리해야 할 업무로 빡빡하게 차 있지 않아도 여전히 일은 한다. 종종 일을 더 깔끔하게 처리하기도 한다. 그러니 휴식을 취해라. 기분이 훨씬 좋아지고 상상력이 나래를 펼친다!

나는 휴식 시간에 보통 스마트폰을 비행기 모드로 설정해놓고 하루도 빠짐없이 걷는다. 이메일과 전화, 혹은 내 마음을 흐트러뜨리는 모든 방해 요소를 완전히 차단하는 것이다. 이 시간에는 자기비판에서도 자유로워지고, 다른 때라면 엄두도 내지 못했던 아이디어를 탐색할 수 있다.

물론 근무시간은커녕 근무 외 시간에도 자유롭게 산책하지 못하는 상황이 있을 수 있다. 그럴수록 자신이 할 수 있는 무언가를 찾아야 한다. 책상에 앉아 눈을 감고 잠시 마음이 제멋대로 떠돌게 놔두는 것도 좋은 방법이다. 이렇게 하면 마음을 느슨하게 풀어놓을 수 있을 뿐 아니라, 가끔 통제할 수 없는 상황에서도 시간적 여유를 가질 수 있다.

　활동을 정리하면 자신의 진정한 우선순위를 보다 깊이 파악할 수 있다. 이러한 정리는 단순히 당신이 하루를 어떻게 보내는지 보여주는 데 그치지 않는다. 하루하루를 '더 잘' 보낼 수 있는 방법을 제시해준다. 지금부터 불필요한 업무는 모두 잘라버려라. 그리고 당신을 성장시킬 만한 업무에 더 많은 시간을 쏟아라.

그럭저럭 괜찮으면 꽤 괜찮은 결정이다_ 결정 정리하기

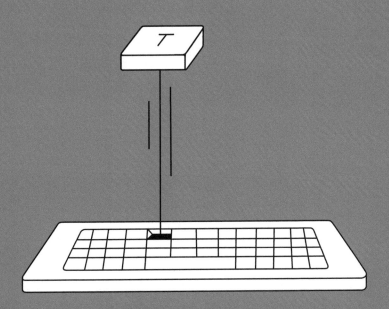

　혼자 아이를 키우는 리사(Lisa)는 고등학교 미술 선생님으로 일하면서 부업으로 프리랜스 예술가이자 온라인 미술 강사로 활동했다. 그녀는 자신의 일을 좋아했지만 정기적으로 많은 결정을 내려야 하다 보니 점점 지쳐갔다.

　수업 주제와 프로젝트 과제, 교실 규칙 등 수업과 관련된 주요한 결정 외에도 리사가 매일 신경 써야 하는 결정은 수백 가지에 달했다. 일일 수업 계획안 하나 짜는 데도 꽤 많은 결정을 내려야 했다. 실습 수업이 효과적일까? 동영상으로 새로운 기술을 가르치는 게 좋을까? 아니면 컴퓨터를 이용해 그래픽 기술을 가르칠까? 학생들에게 조언하기, 학생들 평가하기, 심지어 학생들 훈

육에 이르기까지 수업 중 내려야 하는 결정도 있었다.

게다가 부업도 하다 보니 무엇을 만들어 어떻게 디자인해야 할지, 고객의 요구를 들어주는 최상의 방법은 무엇인지, 소셜미디어 팔로어는 어떻게 늘릴지 등 결정해야 할 또 다른 사항이 산더미처럼 쌓여 있었다. 끝없는 결정의 연속이라는 생각만 들었다. 그녀는 점점 짜증스러워졌고 지쳐갔다. 직장에서뿐만 아니라 아홉 살 아들을 보살펴야 하는 집에서도 마찬가지였다.

"결정 스트레스가 너무 심해서 기억을 잘 못했어요. 조리 있게 생각하기도 힘들었고, 심지어 단어도 잊어버렸죠."

어느 월요일 아침, 리사는 수업 계획안도 없이 교실에 들어섰다. 학습 주제를 결정하지 못하고 계속 미루다가 그 지경에 이른 것이었다.

'완전히 큰 실수를 했어, 리사! 넌 교사로서 실패했어!'

그녀는 이렇게 자신을 꾸짖었다. 게다가 다른 수많은 결정으로 머리가 복잡해져서 막 시작한 온라인 학습 사업에도 소홀했다.

기업 경영자든 사회 초년생이든 무슨 일을 하는지와는 상관없이 누구나 매일 수천 가지 결정을 내린다.[48] 그 수가 3만 5,000개를 웃돈다고 추정한 학자들도 있다. 대부분은 별로 힘들이지 않거나 의식하지 않고도 내릴 수 있는 소소한 결정이다. 만약 책상까지 도달하는 길, 지금 써야 할 펜, 간단한 이메일 답장 등도 고심해서 결정해야 한다면 감당할 수 없는 지경에 이른다. 그렇기 때문에 최근 조사에서는 사람이 매일 수천 가지 결정을 내리지만, 보통 사람들이 기억하는 결정은 약 70가지에 불과하다는 결과가 나왔다.[49]

한편 신경 써서 처리해야 하는 중대 결정도 있다. 자주는 아니지만 이런 결정을 내릴 때는 당연히 정신적·감정적 에너지가 상당히 많이 소모된다. 주로 비교적 많은 자원을 할당하는 문제에 관련된 결정이 그렇다. 예를 들어 마케팅 분야에서 중요한 결정은 제공할 제품과 서비스 결정, 브랜드 이미지를 새롭게 바꾸는 리브랜딩 시기와 방법 등이다. 기업가에게 중대한 결정은 채용 시기, 임금 인상 여부, 사업 판매 여부 등일 것이다.

소소한 결정보다는 좀 더 많이 고심하고, 중대 결정보다는 자주 내려야 하는 중간급 결정도 있다. 사람들은 대부분 중간급 결정을 미루는 경향이 있다. 중간급 결정은 중대 결정만큼 중요하지도 않아서 잊어버리기가 훨씬 쉽다. 리사가 수업 계획안을 준비하지 못한 채 학생들 앞에 선 것도 이 때문이었다. 수업 계획안 작성은 전날 끝내기에는 너무 어렵고, 잊어버리기도 쉬워서 교실에 들어선 순간에야 생각나는 중간급 결정이었다.

일반적으로 중간급 결정은 주로 현재의 업무 수행 및 개선과 관련된 것이다. 프로젝트 업데이트 사항 보고 대상과 업무 처리 과정 개선 방법, 성공 측정 방법이 중간급 결정이다. 마케팅 전문가의 중간급 결정은 시장조사 유형과 제품 가격 업데이트 시기, 새로운 광고 형태, 광고 효과 측정 방법 등이다. 기업가에게는 제품이나 서비스 개선 방법과 참석할 회의 결정 등이 중간급 결정이다. IT 전문가의 중간급 결정은 소프트웨어 업데이트 시기를 결정하는 것이다.

결정 정리는 물리적인 업무 공간 정리와 완전히 다른 것처럼 보일지도 모른다. 고객과 상호작용하는 방법을 결정하거나 동료와 협력하는 시기를 결정하는 것은, 좋아하는 스테이플러를 간직하는 것과는 차원이 다른 일처럼 보일 것이다. 하지만 실제로는 둘 다 같은 일이다. 결정해야 할 것이 많을 때는 스스로에게 이렇게 물어보자. 내 시간과 에너지를 투자할 가치가 있는 결정인가?

결정에도 정리가 필요하므로 신속하게 결정을 내리는 3단계 방법을 활용해보자. 핵심만 요약하자면 1단계에서는 소소한 결정을 잊어버린다. 2단계에서는 중간급 결정을 분류하고 조직한다. 3단계에서는 중대한 결정에 필요한 정신적 에너지를 비축해둔다. 그럼 지금부터 각 단계에 대해 좀 더 자세히 알아보자.

── 결정을 정리하는
3단계 법칙

1단계 : 소소한 결정에 시간과 에너지를 투자하지 않는다

먼저 소소한 결정부터 정리하자. 당신의 업무와 직급에 따라 소소한 결정이 달라진다. 회사 간부에게는 소소한 결정이, 막 경력을 쌓기 시작한 사회 초년생에게는 훨씬 더 중대한 결정이 될 수도 있다. 또 소소한 결정은 대부분 별생각 없이 자동적으로 처리되기 때문에 기억하지 못할 가능성이 높다. 그래도 괜찮다. 이런 결정은 자동으로 처리되게 놔두자. 당신이 의식하는 다음과 같은 결정 중 시간을 많이 투자할 가치가 있는 것은 거의 없다.

· 어느 브랜드 복사용지를 사용할까?
· 프레젠테이션에 선그래프를 사용할까, 막대그래프를 사용할까?
· 어떤 폰트로 보고서를 작성할까?

이처럼 큰 차이가 나지 않는 결정에 많은 시간을 낭비해서는 안 된다. 물론 결정을 내려야 하는 순간에는 그러기가 쉽지 않다. 나도 소소한 문제를 너무 오래 생각한 적이 있다. 업무 여행 중 어느 호텔에 머물지, 강의실에서 사용할 인쇄물을 어떤 폰트로 작성할지, 내가 주최하는 회의의 참석자들에게 어떤 사이드 메뉴를 제공할지 생각하느라 시간을 낭비하기도 했다.

반면 여러 소소한 결정을 자동으로 처리하는 방법도 있다. 내가 좋아하는 몇 가지 방법은 다음과 같다.

· 정기적으로 필요한 물건을 자동으로 주문해주는 온라인 소매업체 서비스 이용하기
· '금요일 아침에는 절대 회의를 잡지 않는다' 같은 규칙 정하기
· '안부를 전합니다'나 '감사합니다' 같은 끝인사와 이름을 넣은 이메일 서명 만들기

이러한 결정 처리는 각자의 필요와 관심사에 맞게 자동화할 수 있다. 스티브 잡스는 옷 입기를 자동화해서 매일 똑같은 터틀넥 티셔츠를 입었다. 생산성의 대가이자 베스트셀러 작가인 팀 페리스(Tim Ferriss)는 매일 아침 똑같은 메뉴로 식사를 한다.[50] 사소

한 문제를 결정하느라 땀 빼지 말고, 그 시간과 에너지를 좀 더 중대한 결정에 투자하자.

2단계 : 중간급 결정과 중대 결정을 한데 모은다

지금 혹은 조만간 내려야 하는 중간급 결정과 중대 결정을 모두 모아보자. 중대 결정은 보통 갑자기 튀어나온다. 하지만 사람들이 갑자기 맞닥뜨리는 중대 결정은 대부분 소수에 불과하다. 스티브 잡스는 애플로 돌아가자마자 이사회 임원 전원을 갈아치우기로 했다. 이후 키패드 없는 혁명적 휴대폰인 아이폰을 출시했다. 관리자에게 중대한 결정은 회사 전반의 변화를 어떻게 꾀할지, 누구를 팀에 배치할지 등이다. 신입 직원에게는 믿을 만한 멘토를 선정하는 것이 중대 결정이 될 가능성이 높다.

대부분 업무 개선에 큰 도움이 되는지 여부를 잣대로 중간급 결정인지 아닌지 판단할 수 있다. 예컨대 과정 개선, 제품이나 서비스 업데이트, 문제에 대한 조언 모색, 다른 사람들과 진행 상황 주고받기 등이 중간급 결정이다.

각각의 중간급 결정과 중대 결정을 색인 카드(시간 정리법에서처럼 스프레드시트도 좋다)에 간략하게 요약해 기록하자. 일반적으로 관리할 수 있는 20가지 정도의 결정이 나올 것이다.

3단계 : 한데 모은 결정을 분류한다

중간급 결정과 중대 결정을 모으고 나면 중대 결정 옆에 '중대'라고 적는다. 이러한 '중대' 결정은 당신의 일이나 생활에 큰 영향을 미치기 때문에 시간과 에너지를 마땅히 쏟아부어야 하는 것이다. 중대 결정은 모두 남겨서 한쪽으로 제쳐둔다.

이제 중간급 결정만 남는다. 여기서는 남길 가치가 있는 결정을 가려내야 한다. 색인 카드를 하나하나 집어 들어 간단한 규칙에 따라 버릴 것은 버리고 남길 것은 남긴다. 업무에 중요한 결정, 일과 생활의 균형을 유지하는 데 도움이 되는 결정, 혹은 당신의 가슴을 뛰게 만들 결정은 남겨둔다.

이제 남은 결정을 어떻게 해야 할지 알아보자. 각각의 결정을 하나하나 들여다보며 아래와 같이 질문해보자.

· 이 결정에 훨씬 더 큰 영향을 받는 사람이 있는가? 누가 이 결정을 내려야 하는가?

· 누가 이 결정을 내리는 데 필요한 정보와 최고의 판단력을 갖추었는가?

· 다른 누군가를 믿고 이 결정을 위임할 수 있는가?

· 얼마나 자주 내려야 하는 결정인가?

· 자동화해서 주기적으로 확인하기만 하면 되는 결정인가?

다른 누군가가 내려야 하는 결정 같다면 가능한 한 적임자에게 위임한다(이 결정 색인 카드에 '위임'이라고 표기하고, 위임하고 싶은 사람의 이름도 적어놓는다). 당신과 직급이 같거나 높은 사람에게 일을 위임하는 것은, 불가능하지는 않지만 때로는 어렵다. 누군가에게 결정을 위임할 때는 정중하게 부탁하고, 그가 결정을 더 잘 내릴 수 있는 합리적인 이유를 설명하자. 이때 그의 결정 중 하나를 대신 책임져주겠다고 하면 당신의 목소리에 힘이 실린다. 다만 이러한 결정이 남길 가치가 있는 것인지는 꼭 확인해야 한다. 반면 당신이나 다른 누군가가 정기적으로 관여할 필요가 없는 결정은 자동화한다(이 결정 색인 카드에 '자동'이라고 표기하고, 자동화 시기도 기록해둔다).

이렇게 결정을 정리하면 새롭게 등장하는 결정도 정리할 수 있는 노하우와 자신감이 생긴다. 그중 중대 결정과 가장 가치 있는 중간급 결정을 중점적으로 처리하자. 당신의 시간과 에너지를 어떻게 쓸지 까다롭게 결정하자. 예전에 중요하다고 생각한 결정이 돌아보니 다른 사람에게 위임해야 하는 것일 수도, 혹은 여전히 직접 결정해야 하는 것일 수도 있다. 뛰어난 의사 결정자의 자질 중 하나는 관여하지 말아야 할 때를 아는 것이다.

6장 | 그럭저럭 괜찮으면 꽤 괜찮은 결정이다

—— 9% 삭제와
40% 위임으로 달라진 것들

다시 리사의 이야기로 돌아가보자. 리사의 문제를 파악하고 나자 그녀의 결정 정리를 도와줄 방법이 보였다. 옷가지를 한데 쌓아놓듯 중대 결정과 중간급 결정을 한데 모아놓고 보니, 리사는 자신의 문제가 얼마나 심각한지 좀 더 쉽게 파악할 수 있었다. 무엇보다 그녀가 처리해야 할 결정이 너무 많아 하루하루가 버겁게 느껴질 수밖에 없는 상황이었다.

그다음 주, 리사는 자신의 결정 색인 카드를 살펴보고 몇 가지 결정을 반복해서 내렸다는 사실을 깨달았다. 특히 고등학교 학생들의 행동 관리, 그리고 부업으로 하는 사업의 인스타그램 계정에 올라오는 질문에 답하는 것과 관련된 결정이 그랬다. 리사는 모든 결정 중 9%를 없애고, 40%는 자동화하거나 위임했다. 우선 학생들이 전날 진행한 프로젝트를 자동적으로 이어서 하기 때문에 리사는 아무런 방해도 받지 않고 출석을 확인할 수 있었다. 또 학생들이 좀 더 적극적으로 자신의 학업을 평가하게 해 그녀가 직접 처리해야 하는 결정이 줄어들었다. 사업용 인스타그램 계정에는 매일 아침 글을 올리고, 하루에 두 번만 댓글에 응답하기로 했다.

이렇게 정리하고 나자 남은 결정은 대부분 창의성을 발휘해야 하는 것이었다. 어떤 예술 작품을 창작할지, 좀 더 크게 보고 내려야 하는 사업적 결정은 무엇인지, 온라인 사업에서 필요한 디자인 과정은 무엇인지에 관련된 결정이 그랬다. 이런 결정들은 리사에게 영감을 주고 그녀를 성장하게 하는 것들이었다. 그녀의 결정 정리 효과는 아주 확실하게 나타났다.

"실제로 무엇이 가능한 일인지 새삼스럽게 깨달았어요. 정리를 마치자 모든 것이 믿을 수 없을 만큼 명확해졌어요."

리사는 아주 중대한 결정을 내릴 시간과 동기, 기술을 찾아냈다. 결국 가르치는 일을 그만두고 사업에 집중하기로 했다. 곧이어 사업 수익이 거의 3배로 증가했다. 하지만 가장 좋은 변화는 자신의 일과 생활에 대한 열정을 새롭게 발견한 것이었다.

"정리를 하면서 제게 아주 중요한 뭔가가 생겨났어요. 지금도 무척 설레는 하루하루를 보내고 있죠. 제 창의성의 샘이 넘쳐흐르고 있어요! 결정을 정리하지 않았다면 이런 일은 없었을 거예요. 전 지금 무척 행복합니다. 생산성도 크게 높아졌고요."

그녀의 삶에서 일과 관련된 부분만 달라진 것이 아니었다. 아들과의 관계도 크게 개선되었다. 그뿐 아니라 결정 정리를 시작한 지 한 달 만에 그녀의 체중은 7kg 가까이 줄었고, 긍정적인 마음가짐과 자신감이 새롭게 불타올랐다.

── 삶이 복잡할수록
   '선택지 정리'가 필요하다

이제 실질적인 결정 정리법을 살펴보자. 선택지가 많을수록 좋은 거라는 생각은 충분히 일리가 있다. 공급자나 판매자를 평가할 때는 평가할 회사가 많을수록 좋다. 은퇴 계획의 일환으로 투자처를 찾을 때도 고를 수 있는 뮤추얼 펀드가 많을수록 좋다. 최고의 일자리를 구할 때도 우리는 가능한 한 선택지가 많기를 바란다.

선택지가 많을수록 좋은 건 사실이지만, 그것도 어느 정도까지다. 선택지가 너무 많으면 오히려 결정을 제대로 내리지 못하고, 고민 끝에 내린 결정에도 그다지 만족하지 못할 수 있다.[51] 선택하지 않은 것들이 자꾸 마음에 걸리기 때문이다. 다른 일자리를 선택했다면 어땠을까? 이 프로젝트를 다른 방식으로 관리했다면 어땠을까? 이 시장 대신 다른 시장에 진입했다면 어땠을까?

다른 멘토를 선택했다면 어땠을까? 어떤 길을 선택하든 더 좋은 길이 있었을지도 모른다는 생각이 마음을 갉아먹는다.

결정을 내릴 때 선택지를 5개 이상 고려하면 대부분 일이 많아진다. 누군가가 결정을 내려달라고 요청하면 5개가 넘지 않는 선택지를 보여달라고 하자. 혼자 결정을 내릴 때는 동료들에게 조언을 구해 선택지를 줄이고 유력한 후보만 남기는 것이 좋다.

연구에 따르면 선택지를 정리하는 몇 가지 간단한 방법이 있다.[52] 첫째, 선택지가 서로 비슷하다면 좋은 선택지가 하나 이상일 가능성이 크기 때문에 아무거나 하나를 고른다.

둘째, 상식적으로 가장 유력한 선택지를 고른다. 예컨대 고비용에서 저비용, 고위험-고보상에서 저위험-저보상 순으로 선택지를 고르는 것이다.

셋째, 선택하기 전에 원하는 것을 미리 생각해둔다. 자신이 원하는 게 무엇인지 생각하면서 동시에 많은 선택지 중 하나를 고르는 것은 무척 지치는 일이다. 예를 들어 새 직장을 찾을 때는 나의 성장에 도움이 될 만한 곳이거나, 자유가 많고 집에서 가까운 직장을 찾고 싶다고 미리 생각해두면 결정을 내리기가 쉬워진다. 자신의 바람(성장 기회, 출퇴근 편리, 자유)에 가장 잘 맞는 직장을 선택하면 되기 때문이다. 하지만 자신이 무엇을 선호하는지

잘 모르는 사람은 선택지가 많을수록 어찌해야 할지 몰라 막막해할 수 있다.[53]

──── 그럭저럭 괜찮으면
꽤 괜찮은 결정이다

항상 완벽한 결정을 내리겠다는 생각은 내려놓는 게 좋다. 물론 살면서 가끔은 완벽한 결정을 하겠지만, 그렇지 못한 경우가 많다. 이런 사실을 받아들이기 힘들지도 모르지만, 완벽한 결정이 아니어도 괜찮은 이유가 있다. 대체로 그럭저럭 괜찮은 결정은 괜찮은 거다. 완벽을 추구하는 것은 종종 쓸데없이 비싼 대가만 치르는 짓이다. 그 시간에 다른 일을 하는 편이 더 나을 수도 있다. 게다가 완벽한 선택을 하지 못하면 좌절과 실망에 시달린다.

결정하기 전 스스로에게 가장 이상적인 결과가 무엇인지 자문해보자. 그럭저럭 괜찮은 결정으로 행복해진다면 완벽한 결정을 내리려고 애쓸 필요 없다. 게다가 급변하는 세상에서는 어떤 결정을 내리든 일시적인 결과에 불과할 수도 있다. 또 무척 애써서 찾았다는 이유로 한때는 완벽했지만 더 이상 효과가 없는 해결책에 지나치게 의존할 수 있다.[54] 그렇기 때문에 보통은 그럭 저럭 괜찮은 게 알고 보면 꽤 괜찮은 축에 속한다.

완벽주의 성향을 피하려면 의사 결정 시한을 정해두길 권한 다. 과한 생각과 토론으로 얻는 이득은 그에 들인 시간과 노력에 비하면 극히 작다. 새로운 정보가 나오면 당신의 결정을 융통성 있게 업데이트하자. 대부분의 결정은 생각만큼 큰 결과를 가져 오지 않는다는 사실을 잊지 말자.

다시 강조하지만, 결정을 정리할 때는 정말로 영향력 있는 결 정을 중점적으로 처리해야 한다. 모든 결정은 시간과 에너지를 투자할 가치가 있는 결정과 제거해야 할 결정, 위임할 결정, 혹 은 자동화할 결정으로 분류하자. 감당하기 버거울 정도로 많은 선택지가 사라지면 자신이 무엇을 성취하려고 애쓰는지 보인다. 그러면 그토록 어려웠던 결정이 갑자기 훨씬 쉬워진다. 시간과 에너지를 쏟아부어야 하는 중요한 결정을 더욱 집중해서 처리할 수 있고, 어떤 결정을 내리든 만족할 수 있다.

7장

양보다 '질'이 필요한 순간_ 관계 정리하기

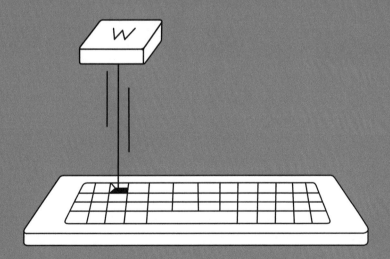

인스타그램은 예술가에게 중요한 소셜미디어 플랫폼이다. 영국인 화가이자 일러스트레이터 리앤(Lianne)의 팔로어는 1만 5,000명에 달했다. 꽤 인상적인 수치였지만, 그 많은 팔로어들과 일일이 연락을 주고받는 건 상당히 수고스러운 일이었다. 중요 하지도 않은 메시지가 지나치게 많다 보니 정작 중요한 유망 구매자의 메시지에 응답하기가 어려웠다.

게다가 악플을 다는 사람의 수도 적지 않았다. 악플러는 무례 했고, 때로는 멍청하거나 욕설에 가까운 댓글을 달기도 했다. 이 런 상황이 계속되자 리앤은 시간과 감정을 갉아먹는 비대면 네 트워크에 점점 더 지쳐갔다.

소셜미디어에 쏟아붓는 시간이 점점 늘어나자 그녀는 자신의 일과 생활을 소홀히 하게 되었다.

"전 한 아이의 엄마이자 예술가예요. 하루에 열 번씩 트위터를 올릴 시간이 없어요."

하지만 실제로는 본업인 예술 작업보다 인스타그램에 더욱 많은 시간을 쏟아붓고 있었다. 결국 리앤은 대담한 조치를 취하기로 결심했다. 인스타그램 계정을 없애고 팔로어를 모두 삭제하기로 한 것이다.

"요즘은 다들 팔로어가 점점 더 늘어나기를 바라죠."

하지만 대규모 비대면 네트워크는 리앤의 예술품 판매에 거의 도움이 되지 않았다.

"예술품을 판매할 때는 어설픈 관심만 갖고 무례한 메시지를 날려대는 팔로어 1만 5,000명보다 열정적인 팔로어 50명이 훨씬 나아요."

결과적으로 팔로어 0명으로 다시 시작한 리앤은 자신의 작품을 인정해주는 사람들과 관계를 맺을 수 있었다.

대면이든 비대면이든 가능한 한 많은 관계를 맺는 것이 좋다고 생각하기 쉽다. 스마트폰 연락처와 페이스북 친구, 인스타그램 팔로어, 링크드인 인맥, 혹은 트위터 팔로어가 많을수록 좋다고 말이다. 소셜미디어에서 맺은 관계가 점점 많아지는 것을 수치로 확인하면 기분이 좋아진다. 게다가 그러한 수치를 동료나 친구의 것과 비교하면서 인맥이 넓을수록 스스로가 더욱 인기 있고 성공한 사람이라고 잘못 생각할 수도 있다.

하지만 대규모 네트워크 보유자는 대규모 인맥을 쌓아놓기만 하는 사람인 경우가 많다. 인맥이 아무리 넓어도 제대로 활용하지 못하면 아무 쓸모없다. 인간관계 네트워크를 성장의 원천으로 만들자. 함께 시간을 보내거나 돕고 싶은 사람, 당신의 발전과 성공을 함께 바라는 사람, 실패한 경험을 스스럼없이 털어놓고 조언을 구할 수 있는 사람으로 가득한 인간관계 네트워크를 만들자.

—— 막강한 인맥에
   숨은 함정

인맥이 넓을수록 공고가 나지 않은 채용 정보처럼 당신에게 도움이 되는 정보를 누군가가 알고 있을 가능성이 높다. 사람들이 각자의 인적 네트워크를 확장하려고 많은 시간을 쏟아붓는 이유다. 실제로 다수의 사람보다는 가까운 소수에게서 얻을 수 있는 정보가 훨씬 많다. 직장에서, 혹은 사회적으로 가깝게 지내는 사이라면 아는 정보를 숨기지 않고 기꺼이 나눠준다.

전직 기술 경영진인 스타트업 투자자 카렌(Karen)은 처음에는 가능한 한 많은 사람들을 만나려고 했다.

"1년 중 거의 대부분을 행사에 참석하고 많은 사람들을 만나는 데 보낸 것 같아요. 돌이켜 보면 대부분은 진정한 경험도, 관계도 아니었어요."

몸과 마음이 지치고 결과적으로는 시간만 낭비하는 짓이었다. 언제나 실망스럽게 느껴지던 자신의 인맥을 돌아본 카렌은 변화를 꾀하기로 마음먹었다. 커다란 그물을 던져 최대한 많이 건지려고 애쓰던 예전의 행동은 그만두고, 대신 좀 더 적은 수의 사람들과 깊은 관계를 맺기 시작했다. 이러한 방식은 곧 시험대에 올랐다. 카렌이 회사에서 잠재적 투자처를 평가하고, 즉각 필요한 기술을 조사할 때였다. 카렌은 자신의 중간 규모 네트워크에 속한 여성에게 도움을 청했다. 그러자 몇 시간 안에 자세한 답장이 왔다.

"제가 그 조사를 끝내려면 몇 주는 걸렸을 거예요."

카렌은 그 여성과 끈끈한 관계를 맺고 있었기 때문에 필요할 때 거의 즉각적으로 도움을 받을 수 있었다. 며칠 후에는 그녀에게 손으로 쓴 감사 편지를 보냈다. 이외에도 긍정적인 변화가 생겼다. 카렌은 사람들과 관계를 맺기 위한 다양한 행사에 참석하는 것이 예전만큼 불안하지 않았고, 자신의 능력까지 크게 향상됐음을 느낄 수 있었다.

—— 필요 없는 관계는 과감히 끊어내라

인맥의 범위가 넓어질수록 의미 있는 관계를 맺기가 어려워진다.[55] 연구에 따르면 사람들은 의미 있는 관계를 대략 150개까지 관리할 수 있다고 한다.[56] 그 이상이 되면 자신의 네트워크에 속한 사람들을 제대로 알기가 어려워진다. 이는 간단한 실험으로 확인할 수 있다. 당신의 모든 연락처와 인간관계를 떠올려보는 것이다. 네트워크에 속한 모든 사람의 얼굴이 생각나는가? 그들 모두가 당신이 최고의 성과를 내도록 도와줄 사람들인가? 아마 그렇지 않을 것이다.

심지어 대규모 네트워크를 구축한 사람들도 대체로 소수의 사람들과 상호작용을 한다.[57] 당신의 네트워크에 속한 대다수의 '친구'는 당신과 깊이 있는 관계를 맺으려는 이들은 아니다. 도움이 필요할 때만 당신을 찾을 뿐이다. 5장에서 소개한 크리스티나는 그 사실을 어렵게 깨달았다. 하버드대학교에서 경영학 석사 학위를 따고 졸업한 후, 그녀는 권위 있는 대규모 네트워크에서 많은 이득을 얻을 수 있다고 생각했다. 하지만 시간이 지날수록 그 속에서 의미 있는 관계를 거의 맺지 못하고 오히려 들어줘야 할 요구만 많아진다는 사실을 깨달았다.

"급기야 2주 동안 10명이나 되는 사람들이 제 의견을 들으려고 이메일을 보내는 지경에 이르렀어요. 그들은 저와 관계를 맺으려고 노력하지 않았던 사람들이죠."

그럼에도 크리스티나가 그런 사람들의 요구를 기꺼이 들어주려고 하자 그녀의 직장 생활과 사생활이 피폐해졌고, 그녀 자신도 녹초가 되어버렸다.

네트워크 확장은 시간이 많이 걸리는 일이다. 특히 온라인상의 네트워크를 확장하는 것은 심리적인 안녕을 위협할 수도 있다. 소셜미디어에서 많은 시간을 보낼수록 행복감이 감소한다는 연구 결과가 있다.[58] 온라인상에서는 보통 좋은 소식만 전하기 때문이다. 소셜미디어에서 나쁜 소식을 전하는 사람은 거의 없다. 링크드인에서 "나 방금 해고됐어!"나 "오늘 회사에서 일을 완전 망쳤어"라는 메시지를 받은 적이 많은가? 소셜미디어에 공개된 누군가의 모습과 자신을 비교하지 마라. 그보다는 당신이 바라는 이상적인 모습에 얼마나 가까이 다가서고 있는지 자문해보자. 남이 아니라 어제의 자신과 비교하는 게 가장 중요하다.

일과 성장을 도와줄 인맥 구축에서 가장 중요한 요소 중 하나는 자신이 '어떤 관계를 좋아하는지' 아는 것이다. 어떤 사람은 많은 친구들에게 둘러싸여 시간 보내는 것을 좋아한다. 반면 소수와 깊은 관계를 맺는 편을 선호하는 사람도 있다. 이와 관련해서는 마리에의 경험을 참고할 만하다. 그녀는 소수와 관계 맺는 것을 훨씬 편하게 여기는 사람이었다. 하지만 회사를 그만두고 정리 컨설팅을 시작하면서 사업을 확장하고 싶은 생각에 가능한 한 많은 사람들과 관계를 맺으려고 노력했다. 각기 다른 분야 사람들이 모이는 세미나와 모임에 참석해 명함을 자주 교환하기도 했다.

그런데 점차 뭔가 잘못됐다는 느낌이 들었다. 아는 사람이 많아질수록 행사와 파티에 참석할 일도 많아졌고, 일정은 점점 더 빡빡해졌다. 진짜로 자신이 원하는 일을 할 시간도 없어졌다. 이메일이 산더미처럼 쏟아져서 모든 메일에 답장하느라 허우적거렸다. 노트에 적힌 이름을 보고도 얼굴이 기억나지 않는 사람들이 점점 더 많아졌다. 정보에 파묻히는 듯한 느낌은 그다지 좋지 않았다. 기억도 하지 못하는 사람들과 끈만 이어두는 것은 불성실한 행동이 아닌가, 하는 생각도 들었다.

마침내 마리에는 자신의 인맥을 재구성하기로 결심했다. 그동안 관계를 쌓은 모든 사람의 이름을 살펴보면서 자신에게 영감을 주고 성장을 도와줄 이름만 남겼다. 그러자 주소록과 스마트폰 앱에 등록된 이름이 급격히 줄어들었고, 결국 업무에 필요한 연락처와 가족을 제외하고는 단 10명의 이름만 남았다. 얼마나 많은 이름을 지웠는지 솔직히 그녀 자신도 깜짝 놀랄 정도였다.

그러자 마음이 훨씬 더 가벼워졌고 남은 관계를 좀 더 잘 관리할 수 있었다. 시간도 많아지고 정신적으로도 여유로워져 가족과 좀 더 자주 연락하게 되었다. 게다가 작은 일에도 친구들에게 진심으로 감사할 수 있었으며, 계속 연락하고 지내기로 마음먹은 소중한 사람들이 전보다 더 고맙게 느껴졌다.

또 이렇게 관계를 정리하고 인맥을 재구성한 후로는 인간관계를 정기적으로 점검하고 그들에게 감사하는 습관을 들였다. 현재 나와 관계를 맺고 있는 모든 사람들의 이름과 그들에게 감사하는 마음을 글로 적는 것이다. 이를 통해 그 사람들이 훨씬 더 소중하게 여겨졌고, 그들과 좀 더 생산적인 관계를 맺을 수 있었다.

그저 이름만 가득한 네트워크를 보면서 뭔가 잘못됐다는 생각이 드는가? 그렇다면 그것이 바로 네트워크를 재구성해야 한다는 신호다. 편안해질 때 좀 더 충만한 삶을 누리고, 다른 사람들의 삶에도 더욱 많이 기여할 수 있다. 가치 있는 관계를 찾아내고, 남기기로 한 관계를 잘 관리하자. 더 이상 필요 없는 관계는 그동안 고마웠다고 감사하고 끊어내자. 이를 통해 일과 삶이 보다 단순하면서도 풍요로워질 수 있다.

── 관계의 질을 평가하는 세 가지 질문

당신의 인맥은 다양한 곳에 형성되어 있을 것이다. 인스타그램과 페이스북, 트위터, 링크드인 등 소셜미디어뿐 아니라 휴대폰과 이메일에도 수많은 연락처가 있을 것이다. 명함 정리법은 앞에서 이미 소개했다. 많은 연락처를 하나의 목록으로 정리하는 데는 아마 오랜 시간이 걸릴 것이다. 관계는 플랫폼별로 정리해도 괜찮다. 모든 플랫폼의 연락처는 서로 비슷한 방식으로 정리하는 것이 좋다.

이제 당신이 바라는 이상적인 커리어를 그려보자. 이를 실현하기 위해 어떤 사람들과 어울리고 싶은가? 그들을 한 명 한 명 떠올리며 이렇게 질문해보자.

· 나에게 필요한 사람인가?

동료나 사업 파트너와의 관계 형성도 일의 한 부분이다. 다음에는 이렇게 질문해보자.

· 일과 생활에 대한 내 비전 향상에 도움이 되는 사람인가?

잠재 고객 정보나 유익한 조언처럼 가치 높은 정보나 통찰력, 그리고 새로운 기회를 가져다주는 관계가 있다. 마지막으로 이렇게 질문해본다.

· 생각만 해도 미소가 떠오르는 사람인가? 조만간 만나고 싶은 사람인가?

의미 있는 관계를 맺고 있는 사람들이 있다. 한편 당신이 함께 시간을 보내고 싶거나 돕고 싶고 조언해주고 싶은 사람들도 있을 것이다. 앞의 세 가지 유형 중 어느 하나에도 속하지 않는 사람이라면 연락처는 삭제하고 팔로잉을 취소하자. 소셜미디어 피드 알람을 받지 않는 것도 좋은 방법이다. 많은 소셜미디어 플랫폼에서 상대가 모르게 연락을 차단하거나 소식 받기를 중단할 수 있다.

이렇게 기존 연락처를 정리한 후에는 연락하고 지낼 사람을 까다롭게 고르자. 나 역시 과거에는 연락처에 한 명을 더 추가하는 기쁨에 취해 링크드인이나 페이스북 친구들의 요구를 충동적으로 다 들어주곤 했다. 하지만 그래 봤자 진짜 인맥이 형성되는 게 아니라, 가느다란 끈만 어설프게 여기저기 걸쳐놓는 꼴이라는 사실을 깨달았다. 모든 요청을 들어줘야 하거나 그들이 주최하는 행사에 다 참석해야 한다고 생각하지 마라. 너무 매정한 것 같다고? 하지만 그것이야말로 당신을 방해하는 모든 것을 끊어내는 출발점이다. 그래야만 자유롭게 살아가며 정말 중요한 관계에 신경 쓸 수 있다.

—— 딱 필요한 만큼
의미 있는 관계를 위하여

4장에서 소개한 토니는 최근 들어 7년 만에 세 번째로 승진했다. 이 말을 들으면 에너지 산업에 종사하는 영업 및 마케팅 전문가인 만큼, 토니가 빠른 승진의 밑바탕이 되는 막강한 인맥을 쌓았다고 생각할 수 있다. 하지만 실상은 그렇지 않았다.

어느 날 회사에서 실시한 대규모 구조 조정으로 토니의 감독관이 회사를 떠났다. 토니는 곧 자신도 같은 운명에 처할지 모른다고 생각했다. 현명하게도 그는 넓고 얕은 인맥에 의존하는 대신 깊은 관계를 맺고 있는 4명에게 연락했고, 그 즉시 네 가지 좋은 기회를 얻었다.

"아는 사람의 수는 중요하지 않았어요. 연락할 사람이 몇 명 되지 않았지만, 그 몇몇이 진국이었죠."

한정된 상황에서는 올바른 관계를 맺는 것이 중요하다. 질 높은 관계란 촉박한 마감 시한과 엄청난 실수 앞에서, 혹은 토니처럼 경력에 위협을 받을 때도 진심으로 서로를 배려하는 관계다.[59] 또 진정한 감정을 나누고 적절한 조언을 얻을 수 있는 관계다. 사생활에서도 그렇지만, 직장 생활이나 업무와 관련해 겪는 역경에서도 이런 관계가 당신을 다시 일어나게 만든다.

나의 멘토 제인(Jane)은 질 높은 관계를 다루는 유명한 전문가일 뿐 아니라 직장 생활에서 관계를 형성하는 법을 몸소 보여준 본보기다. 미시간대학교에서 일하며 동료들과의 질 높은 관계가 신체 건강과 정신 건강 증진, 학습과 창의성 향상 등 여러 긍정적인 결과를 불러온다는 사실을 증명했다.[60]

질 높은 관계를 맺는 첫 번째 비결은 현재에 충실하는 것이다. 친구의 페이스북 게시물에서 빠르게 '좋아요'를 누르거나 링크드인에 승진 소식을 올린 누군가에게 미리 작성해둔 축하 메시지를 보내는 건, 아주 쉽지만 아무런 의미가 없다.

또 상대의 대답을 5분 동안 즐겁게 들어줄 자신이 없다면 "요즘 어떻게 지내요?"라고 묻지 마라. 제인이 처음으로 내게 안부를 물었을 때가 기억난다. 나는 제인이 그저 예의상 물어본 거라고 생각하고 빠르게 "잘 지내요"라고 대답했다. 지금도 그때 그녀가 보인 반응을 생생하게 떠올릴 수 있다. 제인은 내 눈을 똑바로 바라보고 좀 더 단호한 목소리로 이렇게 물었다.

"아뇨, 진짜 어떻게 지내냐고요."

제인은 내 대답에 만족하지 못한 것이다. 그렇게 해서는 의미 있는 우정을 쌓을 수 없기 때문이다. 제인은 입장을 바꿔 생각해야 내 인생이 어떻게 흘러가고 있는지 알 수 있다고 생각했다. 내가 학생이던 그 시절, 그녀는 이미 유명한 학자였음에도 의미 있는 관계를 바랐다.

두 번째 비결은 다른 사람들이 최선을 다해 일할 수 있도록 돕는 것이다. 자신을 돕고 싶어 하는 사람과는 마음을 열고 질 높은 관계를 맺을 수 있다. 멘토가 되는 것이 질 높은 관계를 맺는 가장 좋은 방법이지만, 유일한 방법은 아니다. 어려움에 처한 동료를 도와주거나 자진해서 이야기를 들어주는 방법도 있다. 상대의 프로젝트에 건설적인 피드백을 준다면 그의 삶을 크게 바꿀 수 있다. 제인은 소수의 멘토와 똑같은 방식으로 학생들을 헌신적으로 도와주었다. 그렇게 제인이 자신의 분야에서 영향력 있는 몇몇 전문가를 키워내면서 그 결과가 뚜렷하게 드러났다.

세 번째 비결은 마음을 열고 남을 믿는 것이다. 약한 모습을 좀 더 드러내거나 단점을 솔직하게 말해도 좋다. 누구나 쉽게 다가설 수 있는 사람이 되어 당신이 성장할 수 있음을 보여준다. 자기 위치가 흔들릴까 봐 불안하면 그렇게 하기 어렵다. 당신의 동료들 중 재능이 가장 뛰어난 사람도 당신과 마찬가지로 실수를 많이 한다! 완벽한 사람인 척하는 건 이제 그만두자. 그러면 더욱 의미 있는 관계를 맺어나갈 수 있다.

신뢰를 구축하는 또 다른 방법은 '진짜로' 일을 위임하는 것이다. 누군가에게 일을 맡겨놓고도 계속 진행 과정을 감시하고 그 사람의 아이디어를 무시해서는 안 된다. 내가 박사과정을 밟는 햇병아리 학생이었을 때도 제인은 날 믿고 프로젝트에서 중요한 일을 맡겼다. 내가 일을 망쳤을 때는 자신도 그런 적이 많았다면서 실수도 프로젝트의 일부라고 했다.

네 번째 비결은 노는 것이다. 마음껏 놀 때는 가끔 어리석은 행동을 해도 괜찮을 뿐만 아니라, 사고가 깊어지며 창의성이 피어오른다.[61] 성취를 축하하는 팀이나 회사 전체 행사를 계획해 재미를 더할 수도 있지만, 그보다는 자연스럽고 자발적인 행사가 대체로 진정성이 더 높고 강제성이 훨씬 적다. 제인은 세계적으로 유명한 학자들을 초대하는 많은 행사를 주최했다. 교수들은 대부분 상당히 내성적이고 진지하며 냉소적이다. 그런데도 제인은 언제나 그들이 즐겁게 지낼 방법을 찾아내곤 했다.

진심이 담기지 않은 요청을 거절한다고 해서 문제될 것은 없다. 그러니 알맹이 없는 관계를 과감히 끊어내고 의미 있는 관계에 집중하라. 이를 통해 복잡한 삶이 단순해지고 가장 중요한 일에 몰입할 수 있다. 지금 당신이 선택해야 할 것은 '필요한 만큼 의미 있는 관계'다.

8장

잘 굴러가는 회의는
모두를 춤추게 한다_
회의 정리하기

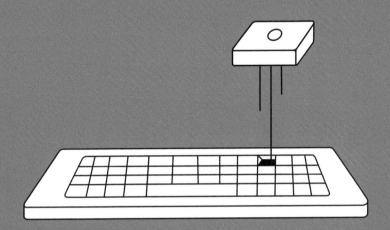

가비노(Gavino)는 주로 공공 서비스 분야에서 경력을 쌓았다. 법조계에서 일하다가 미 육군에서 근무하며 경찰 아카데미의 교과과정과 운영 방식을 업데이트했고, 아프가니스탄에서 자유선거를 안전하게 진행할 수 있도록 도와주었다. 그는 자신의 일에 어느 정도 만족했다. 한 가지 불만이 있다면, 참석해야 하는 회의가 많다는 점이었다. 자신의 업무는 매일 보고하고 있었기 때문에 별도로 논의할 내용이 없는데도 회의에 참석해야 했다.

결국 가비노는 공공 서비스 부문을 떠나 글로벌 컨설팅 회사에 들어갔다. 그곳에서 몇몇 기업이 급여 지급과 휴가 추적 같은 인사 관리 기능을 하나의 기술 플랫폼으로 통일해 사용할 수 있도록 도왔다. 다행히 민간 기업은 공공 부문과 아주 달랐다. 가비노는 이 사실을 빠르게 알아차렸다. 기업에서는 리더들이 엄격한 규정 없이 회의 시간과 진행 방식을 결정할 수 있었다.

가비노가 처음 맡은 프로젝트는 플로리다에 기반을 둔 제조업체와 관련된 것이었다. 이 프로젝트의 공동 책임자들은 컨설팅 회사에서 서로 비슷한 배경과 직책을 지니고 있었다. 그런데 두 사람이 회의에서 번갈아가면서 주도권을 쥐자 그때마다 회의 성격이 완전히 달라졌다. 존이라는 책임자는 힘들고 긴 회의를 자주 하는 편이었다. 존이 주최하는 회의에서는 목적 없는 토론이 오갔다. 결국 다들 지쳐서 입을 다물어야 끝이 났다. 한번은 회의가 자꾸만 길게 늘어지자, 누군가 회의실에서 탈출할 묘안을 생각해냈다. 화장실로 달아나는 것이었다. 여직원 한 명이 양해를 구하고 화장실에 간 직후, 다른 사람들도 줄줄이 그 뒤를 따라 나가면서 회의가 끝났다.

"회의 때문에 정작 할 일을 못하고 하루가 더욱 길어지는 거예요. 회의를 하는 게 아니라 벌을 받는 것만 같죠. 일하는 즐거움도 사라지고요."

반면 마크라는 책임자는 훨씬 간결한 회의를 간간이 주최했다. 회의는 정시에 시작했고, 안건을 미리 정해놓은 덕분에 종종 예정보다 일찍 끝났다. 그 때문에 회의 중이나 후에도 가비노는 최선을 다할 수 있었고, 뭔가를 해낼 수 있을 것처럼 느꼈다.

실망스럽기 짝이 없는 회의도 있지만, 일에서 없어서 안 되는 것이 회의다. 새로운 아이디어가 나오고, 중대한 결정이 내려지고, 다른 사람들에게 뭔가를 배우고, 협력이 이루어지는 것이 회의다. 한 연구에서는 직장 만족도 중 15% 이상이 회의에 좌우된다고 했다.[62] 직장 만족도에 영향을 미치는 요소는 업무 유형과 월급, 승진 기회, 상사와의 관계 등 매우 많다. 이 많은 요소들과 비교하면 회의 만족도의 영향력은 가히 놀라운 수준이다.

잘 굴러가는 회의는 주최자나 참석자 모두를 힘이 나게 만든다. 하지만 삐걱거리는 회의는 입안의 가시처럼 껄끄러우며 생산성 향상을 방해하는 커다란 장애물이 된다.[63] 이런 회의가 반복되면 몰입도가 떨어지고, 감정적으로 지치고, 일하는 즐거움도 사라진다.[64] 하지만 가비노의 경험에 비추어 볼 때 반드시 회의 자체가 문제인 것은 아니다. 짧고 적은 회의는 생산성을 높일 수 있다. 직급이나 역할과 상관없이 누구나 회의 시간은 반으로 줄이고 효과는 2배로 높이면서 업무에 효율을 더할 수 있다. 다음과 같은 간단한 단계를 밟아나가기만 하면 가능한 일이다.

—— 성과를 높이는 회의 정리 3단계

1단계 : 이상적인 회의 그리기

당신이 참석하는 회의도 있고, 공식적으로 주최해야 하는 회의도 있다. 이런 회의를 정리하기 전에 먼저 '이상적인 회의'를 머릿속으로 그려본다. 일을 막 시작해서 다른 사람들이 주최하는 회의 방식을 따라야 하는가? 그렇다면 당신이 회의에서 얻고자 하는 것이 무엇인지 아는 게 중요하다. 참석하는 회의가 전부 고역이 될 거라고 생각하면 진짜 그렇게 된다.

당신이 바라는 회의는 목적과 목표가 명확한 회의인가? 적극적인 참여가 이루어지는 회의인가? 혹은 서로의 이야기를 경청하고, 의견을 존중하는 회의인가? 그것도 아니면 짧은 시간 내에 결과를 도출할 수 있는 회의인가? 어떤 분위기에 어떤 결과가 나오는 회의가 자신에게 이상적일지 생각하고 적어보라.

2단계 : 모든 회의 모으기

한 주 동안 이런저런 회의가 잡혀 있는 바람에 현재 자신이 얼마나 많은 시간과 노력을 회의에 쏟아붓는지 모를 수도 있다. 이

때는 모든 회의를 모아보자. 지난주 일정을 살펴보고 참석했던 회의를 모두 찾아낸다. 이제 색인 카드(혹은 앞서 그랬듯이 스프레드시트)에 각각의 회의 제목과 회의 시간, 회의 참석 횟수를 기록한다. 그런 다음 색인 카드를 하나씩 집어 들고 다음 세 가지 질문을 던져본다.

· 내 일에 필요한 회의인가? 문서로 얻을 수 없는 정보를 제공하는 회의인가? 중대한 문제 해결에 도움이 되는 회의인가? 핵심 결정이나 행동 계획이 나오는 회의인가? 빠지면 상사가 화를 내기 때문에 꼭 참석해야 하는 회의인가? 주간 회의는 꼭 참석해야 하는 것인가?

· 이상적인 직장 생활에 한층 가까이 갈 수 있도록 도와주는 회의인가? 구체적으로는 무언가를 배워서 능력을 향상시킬 수 있는 회의인가?
· 동료들과 좀 더 친밀하게 교류할 수 있는 회의인가? 즐거운 회의인가?

이 세 가지 질문 중 어느 하나에도 그렇다는 대답이 나오지 않는다면 그 색인 카드는 찢어버린다. 이때는 잊지 말고 그 회의에서 배운 것에 감사하자. 회의를 열지 말라는 교훈을 얻었다 해도 말이다!

당신이 회의를 주최할 때는 이미 짜놓은 모든 회의를 취소하 겠다는 각오로 임해야 한다. 주간 회의든 분기별 회의든 격월 프로젝트 회의든, 손댈 수 없을 정도로 신성한 회의는 없다. 매번 최상의 결과가 나오고 참석자들에게 최고의 만족을 주는 회의 만 남겨두자. 더 이상 쓸모없어질 때까지 말이다. 과거에 최고의 결과가 나왔던 회의라고 앞으로도 영원히 그래야 한다는 법은 없다.

이제 남아 있는 색인 카드를 앞에 늘어놓고 전체를 훑어보자. 당신이 어떤 일을 하고 있는지 보이는가? 회의에 너무 많은 시간을 쏟아붓고, 정작 집중해야 할 업무에 투입하는 시간은 충분하지 않은가? 대부분의 회의가 업무에 필요한 것인가? 이상적인 직장 생활에 필요한 회의가 너무 적은가? 상사의 비위를 맞추려고 참석하는 회의가 하루 중 대부분을 차지하고 있는가?

3단계 : 꼭 필요한 회의 구분하기

앞으로의 비전에 도움이 되지 않는 회의는 최선을 다해서 피하기 바란다. 하지만 최선을 다해 노력해도 업무 성격상 절대 그렇게 할 수 없는 경우도 있다. 자신의 근무 환경이 어떤지는 직접 판단하는 수밖에 없다. 분명한 것은 우리에게는 생각보다 훨썬 더 많은 선택의 자유가 주어진다는 사실이다.

사람들이 특정 회의에 참석하기 싫어하는 이유는 두 가지다. 잘 조직되어 있지 않거나, 자신의 업무와 직접적인 관련이 없어서다. 잘 조직되지 않은 회의는 개선할 수 있다(회의를 잘 조직하는 방법은 나중에 설명할 것이다). 업무와 관련된 회의는 남길 가치가 있다. 잠재력을 최대한 끌어올릴 수 있는 회의이기 때문이다.

하지만 업무와 관련이 없거나 기여도가 낮은 회의는 버려야 한다. 4장에서 소개한 토니는 회의에 참석하기 전 모든 회의의 잠재적 가치를 고려한다. 그의 동료 중 대부분은 하루 종일 이런저런 회의에 참석하느라 정작 프로젝트에는 시간을 쏟지 못하고 저녁 늦게까지 일한다. 이를 두고 토니는 이렇게 말했다.

"시간을 투자할 가치가 있는 회의는 아마 10%에 불과할 겁니다."

토니는 직접적인 돌파구를 택했다. 참석할 필요가 없다 싶은 회의가 있으면 주저 없이 상사에게 이야기하기로 마음먹은 것이다. 토니는 뛰어난 팀 플레이어가 되면 어느 정도 재량껏 회의를 거절할 수 있다는 사실을 깨달았다. 그래서 중간 관리자가 아님에도 참석할 가치가 있는 회의를 가려내는 판단력을 길렀다.

"제가 이 회의에 참석하면 주주들에게 진짜 가치를 더해주는 일을 못하게 됩니다."

물론 여전히 회의의 가치를 실제보다 높게 보는 회사가 많다. 이런 회사에서는 공식적인 단계를 밟지 않고 회의를 건너뛰는 것이 현실적으로 불가능하다. "미안하지만 당신 회의에 참석하면 진이 빠져요. 별다른 의미도 없고요. 그냥 건너뛸래요"라고 당당히 말할 수 있다면 좋겠지만, 지위가 허락하지 않아서 불가능한 경우도 있다. 겁이 나서, 어쩌면 현명한 행동 같지 않아서 동료에게 회의에 불참하겠다고 말하지 못할 수도 있다.

무엇보다 상사가 소집한 회의는 거부하기가 쉽지 않을 것이다. 이때는 어떻게 할까? 회의의 주제와 안건을 사전에 알려달라고 요구하자. 그런 다음 진심을 다해 회의를 준비한다. 어쩌면 그 과정에서 업무와의 관련성을 깨달을지도 모른다. 하지만 조금이라도 무엇을 배우거나 기여할 수 있을지 의심스러운 회의라면 간단한 질문을 던져보자. 회의 조직자의 심기를 거스르지 않으면서 회의를 성공적으로 진행하길 바라는 마음을 드러내는 것이다.

"제가 어떻게 해야 이 회의의 성공에 크게 기여할 수 있을까요? 어떻게 해야 이 회의 준비를 가장 잘할 수 있을까요?"

이러한 질문을 통해 회의에서 자신이 맡아야 하는 역할을 빠르고 안전하게 파악할 수 있다. 심지어 당신이 그 회의에 참석할 필요가 없다는 사실을 조직자에게 이해시킬 수도 있다.

이러한 노력에도 여전히 당신이 그 회의에 전혀 도움이 되지 않는다 싶으면 정중하게 불참하겠다고 말하자. 당신이 그 회의에 적합한 사람이 아니라는 사실을 조직자에게 알리는 것도 좋다. 관련 정보를 모른다거나 이해관계가 없다는 등의 설명이 유용할 수 있다.[65] 가능하다면 그 회의에 당신보다 더 크게 기여할 수 있는 사람을 추천한다. 이 모든 노력이 실패해서 끔찍한 회의에 참석해야 한다면, 그 회의에서 배울 수 있는 것을 적어도 한 가지는 찾아보길 권한다.

—— 참석하는 회의가 많을수록 중요한 사람이라는 착각

참석할 회의가 자꾸만 많아지는 게 자기 탓은 아닌지 솔직하게 생각해보자. 사람들에게 회의가 너무 많아 일정이 빠듯하냐고 물어보면 십중팔구 그렇다고 한다. 그러면서도 회의에 초대받지 못하면 개인적으로 모욕이나 소외를 당하는 것 같다고 말한다.

참석할 회의가 많을수록 자신이 더욱 중요한 존재라는 생각 따위는 싹 지워버려라. 진짜로 꼭 필요해서, 아니면 원해서 회의에 참석하는가? 아니면 당신의 가치를 증명하는 것 같아서 회의에 참석하려고 하는가? 혹시 중요한 대화나 핵심적인 결정을 놓칠까 걱정이 되어 회의에 참석하는가? 회의는 변화를 일으키는 방법 중 하나일 뿐이다. 최다 회의 참석상을 받는 게 목적이 되어서는 안 된다.

—— 누구나 회의에
의미를 더할 수 있다

회의실에 발을 디디는 순간 협업과 의사 결정, 아이디어 교환이 이루어지는 공간에 들어서는 것이다. 회의를 이용해 자신의 사욕을 채우려고 해서는 안 된다. 회의는 장황한 연설을 하고 폐쇄적인 태도를 보이거나, 동료들의 아이디어를 깎아내려서 자신의 아이디어를 부각하려고 하는 것이 아니다. 생산적인 회의를 하기 위한 몇 가지 규칙이 있다.

규칙 1

회의에 참여하되 진짜로 참여해야 한다. 나 역시 지금까지 많은 회의에 참석해봤지만, 회의에 온전히 집중하고 몰입하는 사람들은 일부뿐이었다. 몸을 곧추세우고 탁자에 바싹 다가앉아 긍정적인 에너지를 뿜어내자. 몸만 회의실에 두고 정신은 밖으로 나돌게 하면 안 된다.

규칙 2

회의를 준비한다. 리더가 사전에 안건을 제시했다면 당신은 준비를 해야 한다. 준비할 시간이 부족하다면 아마 회의에 참석할 시간도 없을 것이다. 이때는 다시 한번 이렇게 질문해보자. "진짜 남겨둘 가치가 있는 회의인가?"

규칙 3

전자 기기를 치우자. 당신이 회의 중 몰래 스마트폰을 보는 걸 남들도 다 안다. 그리고 그만큼 무례한 태도도 없다. 이런 행동은 당신이 지금 중요하지도 않고 참석할 가치도 없는 회의실에 앉아 있다고 말하는 것과 같다. 회의 중 스마트폰을 사용하면 알람 소리부터 액정화면 두드리는 소리까지 온갖 시끄러운 소음이 회의실을 가득 메운다. 일단 한 사람이 스마트폰을 사용하면 즉시 다른 사람들도 따라 하고, 결국 참석자 전체가 존중해야 마땅한 회의를 경시하게 된다. 잊지 말자. 회의는 참석자 모두가 집중해야 훨씬 더 빨리 끝나고 보다 효과적이며 즐거워진다.

규칙 4

회의를 '경청'한다. 진짜로 경청해야 한다! 회의 중에는 서로가 서로에게 무엇인가를 배워야 한다. 그런데 사람은 누구나 이야기하는 것을 좋아하기 때문에 남한테 뭔가를 배우기가 상당히 힘들다. 한 실험에서 학자들은 사람들이 이야기를 더욱 많이 하고 싶어서 돈을 더 벌 기회도 기꺼이 마다한다는 사실을 밝혀 냈다. 이 실험에서 사람들의 뇌 영상을 살펴보았더니, 이야기할 때 느끼는 만족도가 식사할 때나 성관계를 맺을 때와 똑같았다.[66] 이러니 주제를 벗어난 이야기가 순식간에 회의실을 가득 메울 만도 하다. 남의 이야기를 듣는 사람은 거의 없고 말이다.

규칙 5

발언한다. 다른 사람들과 나누고 싶은 특별한 정보가 있을 때 발언을 한다. 새로운 정보와 색다른 관점을 제시하거나 이야기를 다시 본론으로 돌려 대화의 질을 높이자. 회의에 좀 더 비판적인 사고가 필요하다 싶으면 '반대를 위한 반대'를 해보자고 제안한다. 아니면 사내의 다른 집단, 규제자, 혹은 고객 같은 이해관계자나 경쟁자를 대변해보자고 제의한다.

뛰어난 회의 주최자는 쓸모없는 토론을 잘라내 회의의 효율성을 높이고, 훌륭한 회의 참석자는 자신의 행동을 조절하며 발언할 때와 경청할 때를 잘 판단한다. 이러한 판단의 기준은 아주 간단하다. 목표 실현을 앞당겨주는 새로운 정보를 제공하고 있는가? 그렇지 않다면 다른 사람들의 이야기를 경청할 때다.

규칙 6

해를 끼치지 않는다. 책임감 있는 성인답게 행동하자. 남을 비난하고, 남의 말을 자르거나 자기 홍보에 열을 올리면 회의가 제대로 진행되지 않는다. 92개 팀의 회의를 분석한 연구에서는 좋은 행동이 회의에 미치는 긍정적인 영향보다 나쁜 행동이 회의에 미치는 해악이 훨씬 크다는 사실이 밝혀졌다.[67] 그러므로 신랄한 말과 나쁜 태도는 사무실 책상에 남겨두고 회의에 참석하자.

앞의 여섯 가지 규칙에 하나 덧붙이면, 누군가의 제안을 즉각 거절하지 말고 개선해보자. "아니요, 하지만" 대신 "예, 그래서"라는 말로 다른 사람의 아이디어를 거부하고 싶은 충동을 억누르고 그것을 발전시켜나가자. 그러면 상대의 기분이 훨씬 좋아지고, 결국 그를 도와준 당신도 기분이 좋아진다.

—— 생산성 넘치는 회의를 끌어내는 기술

회의를 정기적으로 주최하고 있는가? 아니면 승진해서 회의를 장려하는 업무 같은 추가적인 책임을 떠맡고 싶은가? 거래처 사람들과 함께 일해야 할 수도 있고, 더 나은 결과를 얻기 위해 그들과의 토론을 조직해야 할 수도 있다. 어쩌면 어느 날 상사가 당신에게 회의를 도맡아 진행하라고 할지도 모른다. 이런 상황을 받아들일 준비가 되어 있는가? 직위와 상관없이 정돈된 회의 조직 방법은 배워두면 도움이 되는 기술이다.

우선 성취하고자 하는 목표를 알아야 한다. 이 회의가 반드시 필요한지 자문해본다. 단순히 정보만 제공하는 회의도 있다. 이런 정보는 대개 회의보다 더 효율적인 경로를 사용해 전달하는 것이 좋다. 간단한 자료나 슬라이드 몇 개로 전달할 내용을 요약할 수 있다. 정보 업데이트는 틈날 때마다 빠르게 처리해 토론과 의사 결정 회의 시간을 확보해둔다.

자동적으로 반복되는 정기 회의는 누군가 적극적으로 나서서 취소하지 않는 한, 주 1회를 기본으로 정한다. 중요한 일이 생겼을 때는 정기 회의를 수시 회의로 대체할 수 있는지도 확인하자.

둘째, 회의 참석자를 신중하게 선정한다. 디지털 일정 관리의 성격상 다른 사람들을 회의에 초대하기가 아주 쉽다. 게다가 가능한 한 많은 사람들을 초대하고 싶은 게 사람 마음이다. 참석자가 많을수록 회의의 중요성이 커질 것이라고 생각하기 때문이다. 하지만 사람이 너무 많으면 회의 진행이 느려진다. 회의실을 가득 채우는 것보다 회의에 '적합한' 사람을 초대하는 것이 더욱 중요하다. 특별한 정보를 갖고 있거나 의사 결정, 혹은 행동 권한이 있는 사람들이 회의에 적합한 이들이다.

셋째, 사람들을 모을 때 분명한 회의 목적을 적는다. 회의 목적은 사람들이 그 회의에 자신이 꼭 필요한지 판단하는 지표가 된다. 자신이 필요 없는 회의라서 불참하겠다는 사람들에게 불이익을 줘서는 안 된다. 특정한 사람이 참석하지 않아 회의의 효율성이 떨어진다면, 그 사람의 참석 여부가 회의에 얼마나 큰 영향을 미치는지 당사자에게 알린다. 어떤 사람이 없어도 회의가 순조롭게 진행된다면 그는 회의에 필요한 사람이 아니다.

회의 참석자들이 회의 준비를 적절히 할 수 있게 안건을 상세하게 제시하라. 예컨대 논의할 구체적인 결정이나 제안받은 행동을 밝히고, 참석자들에게는 질문에 대해 미리 생각해 구체적인 아이디어를 마련한 후 회의에 참석하라고 요구하는 것이다.

넷째, 회의 참여를 격려한다. 다른 사람들에게 회의에 기여할 기회를 준다. 혼자 떠드는 것만큼 빠르게 다른 사람들의 사기를 꺾는 짓은 없다. 모두가 당신의 이야기를 듣기만 하거나 당신의 모든 말에 동의하기를 바라지 말고, 최대한 많은 아이디어를 모으는 것이 이 회의의 목표라는 사실을 처음부터 확실히 밝힌다. 회의 주최자가 말을 너무 많이 하면 의사결정이 느려지고[68] 생산성이 떨어지며[69], 전반적으로 좋지 않은 결정이 나온다.[70]

이때 돌아가면서 한 사람씩 이야기하는 진행 방식은 피해야 한다. 이보다는 누구든 할 이야기가 있으면 언제든 끼어들어서 말하라고 하는 편이 낫다. 그런 다음 참석자들의 적극적인 참여를 이끌어내기 위해 정답이 없는 질문을 던져보자. 그러면 토론이 왕성해지고 모두가 부담 없이 자유롭게 이야기할 수 있다. 예를 들면 이런 질문이다.

"이 문제를 다른 각도에서 바라볼 수 있을까?"

"우리가 경계해야 할 점은 무엇일까?"

"고객과 직원, 혹은 다른 구성원의 기분은 어떨까?"

특히 정기 회의에서 발언하지 않는 사람들이 있다면 간단한 대화를 통해 다음번에는 적극적으로 회의에 참여할 수 있도록 격려한다. 제공할 게 아무것도 없다고 생각하는 사람이 있는가? 회의에 적합한 사람이 아니라서 그럴까? 이런 사람의 참석은 사양하자. 자신감이 부족한 사람이 있는가? 직급이나 직위가 낮아서 그렇다면, 그의 의견을 듣고 싶어 회의에 초대했다고 알리자.

다섯째, 회의 시간을 정한다. 회의 시간은 보통 반올림해서 30분 혹은 1시간이다. 더 이상 논의할 게 없어도 회의가 예정보다 일찍 끝나는 경우는 거의 없다. 이상하게도 몇 시간짜리 회의는 정해진 시간을 다 채워야 끝난다. 하지만 회의가 1시간을 넘어가면 사람들이 흥미를 잃을 가능성이 높다. 너무 긴 회의의 경우, 초반부에 마음이 느긋해져 생산성이 떨어지는 경향이 있다. 지나치게 긴 회의는 사람들의 에너지를 앗아간다.

적절한 시간적 압박이 있으면 회의 시간을 아낄 수 있을 뿐 아니라 창의성도 자극할 수 있다. 너무 짧아진다 싶을 때까지 기존 회의 시간을 15분씩 줄여보자. 단, 긴 회의 대신 짧은 회의를 훨씬 더 자주 하지 않도록 주의해야 한다. 사람들은 대부분 짧은 회의 요청은 선뜻 받아들이지만, 짧은 회의도 긴 회의 못지않게 대가가 크다. 일단 짧은 회의가 짧게 끝나는 경우는 거의 없다! 짧은 회의도 준비하는 시간이 필요하기 때문에 다른 업무에 방해가 된다.

한 연구에서는 회의 지속 시간이 직원들의 복지에 거의 영향을 미치지 않는다고 했다. 그보다는 회의에 참석하는 횟수가 중요했다. 긴 회의를 적게 할 때보다 짧은 회의를 많이 할 때 의욕이 훨씬 많이 감소하고, 피로감이 크게 증가했다. 그뿐 아니라 회의를 더 많이 한다고 생산성이 증가하는 것도 아니었다.[71] 한 주 동안 짧은 회의를 자주 하기보다는, 45분 정도 되는 회의를 한 번 하는 게 훨씬 낫다. 관련된 문제를 한데 모아 토의하는 것이다.

회의 탁자와 의자 없이 서서 하는 스탠딩 회의를 조직해보자. 더 창의적인 아이디어와 훨씬 많은 협력을 이끌어낼 수 있다.[72] 정해진 좌석은 각자의 영역을 상징한다. 그렇다 보니 착석한 사람들은 자신의 아이디어에 지나치게 집착하고, 새로운 것을 잘 받아들이지 못한다. 이와는 대조적으로 일어서서 하는 회의에서는 영역 구분이 흐려지고 참여도가 증가한다. 덤으로 회의 시간

이 짧아질 수밖에 없다.[73]

마지막으로 회의에 목적과 안건이 필요하듯 요약도 필요하다. 먼저 참석자 모두에게 감사의 마음을 전한다. 참석자들은 바쁜 일정에도 시간을 내서 와준 사람들이다. 그러므로 그들에게 진심으로 감사하는 마음을 표현하자.

회의 요약은 참석자들의 시간이 얼마나 유용하게 쓰였는지 보여준다. 그러니 이런 질문을 던져보자. 어떤 진전이 있었는가? 무엇을 얻었는가? 무엇을 배웠는가? 무엇을 해결했는가? 결론이 나오는 회의 마지막에는 참석자들에게 설령 찬성하지 않더라도 회의에서 내린 결정을 지지하겠다는 의사를 공개적으로 밝혀달라고 요구한다. 이렇게 공개적으로 지지를 밝힌 사람들은 그 결정을 훨씬 더 잘 이행한다. 그뿐 아니라 회의 이후에 그 결정을 깎아내리거나 뒤엎으려는 사람들과 영합하지 않을 가능성이 높아진다.

활기 넘치는 회의, 빨리 참석하고 싶어 안달 나는 회의를 그려보자. 이런 회의에서는 중요한 프로젝트가 착착 처리되고, 때로는 회의가 예정보다 일찍 끝난다. 회의를 정리하기만 하면 이룰 수 있는 꿈이다. 이제 회의실에서 더욱 생산적인 경험을 시작할 때다.

최고의 팀으로 거듭나는 가장 간단한 비결_ 팀 정리하기

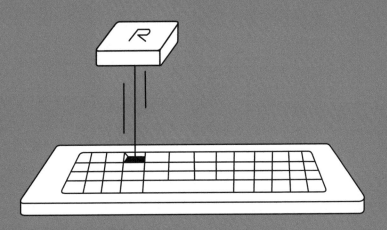

마르코스(Marcos)는 꿈의 직장을 잡았다. 메이저 에너지 기업에서 북아메리카 전역의 IT 부문 구매를 감독하는 수석 소싱 분석가가 된 것이다. 마르코스는 매일 출근하는 길이 더없이 즐거웠다. 하지만 근무 1년 차에 업계 사정이 급격히 어려워졌다. 그 바람에 마르코스의 직책이 필요 없어졌고, 결국 그는 회사를 그만두거나 다른 팀으로 옮기라는 최후통첩을 받았다.

당연히 마르코스는 당황스러웠다. 팀을 떠나기도 싫었고, 새로운 팀의 업무는 무척 지루해 보였다. 매달 날아오는 1만 5,000개의 청구서를 살펴보고 수정하는 업무였기 때문이다. 마르코스는 직장을 잃고 싶지 않아서 마지못해 새로운 팀에 들어가 지루

9장 | 최고의 팀으로 거듭나는 가장 간단한 비결

하기 짝이 없는 청구서 수정 업무를 시작했다.

"정말 고통스러웠어요. 마음이 아팠죠."

마르코스는 당시를 이렇게 회상했다.

새 팀에 들어가 살펴보니 업무 처리 방식이 엉망진창이었다. 오류 비율이 두 자리 수였고, 비용을 지불하지 않거나 잘못 지불한 송장이 너무 많았다. 더구나 15명으로 구성된 팀에는 공식적인 팀장도 없었다. 결국은 마르코스가 나섰다. 그는 스스로에게 이런 질문을 던졌다.

'넌 지금 회사에서 최악의 부서를 맡은 거야. 직함도 없는 팀장이 될 수 있겠어?'

결국 마르코스는 송장 오류를 수정할 때 무조건 찾아가는 사람이 되어 다른 직원들의 업무를 훨씬 수월하게 해주었다. 다른 팀원들에게 길잡이가 되어준 그의 노력은 커다란 변화를 가져왔다. 팀 운영이 순조로워졌고, 팀원들은 자신의 일을 좋아하게 되었다. 팀 전체의 오류 비율도 몇 퍼센트 낮아졌다. 업무의 질이 높아지자 마르코스가 속한 팀은 주목받기 시작했다.

머지않아 마르코스는 사내에서 좀 더 중요하게 취급받는 공급 체인 분석을 맡게 됐다. 마르코스가 송장 업무를 처리하던 팀을 떠날 때, 그의 후임자는 팀장이라는 공식적인 직함을 얻었다.

그 직함은 마르코스가 누리지 못한 것이었지만, 그간 그가 맡아 온 역할은 비공식적인 팀장이었다.

마르코스는 팀을 옮긴 후에도 예전 팀원들과 연락을 이어갔다. 그런데 송장 처리 팀에 새로운 팀장이 온 지 몇 달 만에, 마르코스가 긍정적으로 변화시킨 많은 것들이 원래대로 돌아가고 말았다. 송장 팀원들의 사기와 참여율이 떨어졌고, 마르코스는 공급 체인 분석을 맡은 지 채 1년도 되지 않아 송장 팀으로 돌아가 달라는 요청을 받았다.

결국 마르코스는 오랜 직장 생활 중 두 번째로 자신이 좋아하는 부서를 떠나 지루한 부서로 옮겼다. 그렇게 두 번째로 발을 들여놓은 송장 팀은 또다시 팀장이 공석인 상태였다. 다시 들어간 팀에서 마르코스는 자신이 받아 마땅하다고 생각하는 공식적인 팀장 직함도, 임금 인상도 얻지 못했다. 실망스럽기 짝이 없었지만, 그의 마음 깊숙한 곳은 또 다른 도전을 앞두고 흥분에 들끓고 있었다. 그는 아주 큰 계획을 세웠다.

'팀장은 아니어도 이 팀을 재건해서 올바른 방향으로 나아가게 할 거야.'

마르코스는 자신의 다짐을 잊지 않고 많은 사람들이 되고 싶어 하는 리더처럼 행동하면서 팀을 정리해나갔다. 규모가 너무 크고 비생산적인 송장 팀은 팀원들에게 동기부여를 못하는 곳이 되어 있었다. 마르코스는 팀 규모를 줄이면서 10%가 넘는 오류 비율을 3%까지 낮추겠다는 야심 찬 목표를 설정했다. 다시는 자신이 불려 들어올 일 없도록 팀의 효율성을 높이고 싶었다.

"제가 업무를 자동화하려고 애쓴다는 걸 모두가 알았죠."

마르코스는 자랑스럽게 말했다.

그는 팀원 5명과 동일한 업무량을 처리하는 봇 프로그램 개발을 도왔다. 덕분에 팀 규모를 절반 이상 줄일 수 있었다. 그 과정에서 자리를 잃은 팀원들에게는 더 나은 일을 찾아주었다. 그중 한 명은 송장을 수정하는 지루한 업무를 그만두고 팀 회의를 책임지는 업무를 맡았다. 또 다른 한 명은 용기를 내 자신의 기술을 더욱 잘 발휘할 수 있는 팀으로 옮겨 갔다. 마르코스의 이러한 노력 덕분에 회사는 많은 자금을 절약했고, 직원들은 수천 개의 청구서를 수정하는 단조로운 일이 아니라 더욱 큰 보람과 만족을 안겨주는 일을 맡을 수 있었다. 많은 사람들을 도와준 마르코스는 성취감을 느꼈고, 자신의 업무에 더없이 만족한다고 했다.

팀이 순조롭게 운영될 때 활기가 생기고 생산성이 높아진다. 이로 인해 팀원들은 자부심을 느끼고, 변화를 이끌어내기 위해 헌신한다. 반면 체계적이지 않은 팀에서는 팀원들이 시간을 낭비하고 좌절감에 사로잡힌다. 심지어 업무에 완전히 흥미를 잃어 업무 준비를 아예 하지 않거나, 자신의 아이디어를 제시하길 꺼릴 수도 있다.

대부분의 경우 성취감과 동기부여를 얻을 수 없는 팀에서는 자신을 가슴 뛰게 하는 일을 경험하기가 어렵다. 마르코스는 공식적으로 팀장 역할을 맡지 않았음에도 자신이 속한 팀을 개선할 기회를 잡았다. 시시한 일을 비효율적으로 처리하는 팀을 훨씬 더 질 높은 일을 즐겁게 하는 조직으로 바꿔놓았다. 마르코스의 사례는 리더가 아니라도 자신이 속한 팀을 좀 더 의욕적으로 바꿀 수 있음을 보여준다.

── 손발이 척척 맞는 팀을 낳는 정리법

1단계 : 이상적인 팀 그리기

팀 유형은 대개 두 가지로 나눠볼 수 있다. 먼저 주 업무 팀은 부서별로 구성되거나 다른 조직적 요구에 따라 구성되는 영구적인 집단이다. 간호사 팀과 군부대, 혹은 리더십 집단 등이 주 업무 팀이다. 다음으로 프로젝트 팀은 제품 출시와 고객 서비스, 혹은 의사 결정 같은 구체적인 문제를 해결하기 위해 일시적으로 구성된 집단이다. 이 두 가지 유형은 모두 구성원들의 협력이 이루어지고, 서로 다른 관점을 제시하며, 아이디어를 창출하고 실행하는 팀이다.

잠시 시간을 갖고 당신이 바라는 이상적인 팀을 그려보자. 팀 분위기가 어떠한가? 긍정적인 상호 교류와 관계 형성이 가능한 팀인가? 문제를 빠르게 처리하는 '비즈니스 전용' 팀인가? 아니면 동료와 업무 이외의 관계도 맺을 수 있는 팀인가? 업무에 최선을 다하게 해주는 팀인가? 지지와 격려, 혹은 성장 가능성을 제공하는 팀인가? 여기에는 정답이 없다. 당신에게 가장 적합하게 느껴지는 팀이 이상적인 팀이다.

2단계 : 모든 팀을 한곳에 모으기

이제 모든 팀을 한곳에 모은다. 색인 카드(아니면 스프레드시트) 상단에 각각의 주 업무 팀과 프로젝트 팀을 포함한 모든 팀의 팀명을 적는다.

이제 각 팀에서 무슨 일이 벌어지고 있는지 살펴본다. 물론 특정한 '○○태스크포스 팀'과 '문제 해결 팀'처럼 팀명이 정해진 조직은 딱 봐도 무슨 일을 하는지 알 수 있다. 하지만 그러한 팀의 진짜 목적은 무엇인가? 팀에 목적이 있다는 것은 현재 팀의 업무가 가치 있는 것이라고 믿는다는 뜻이다. 목적이 있으면 더 큰 목표를 향해 나아가는 자신의 노력에서 의미를 찾을 수 있다. 목적이 없는 팀은 순식간에 엉망진창이 되어 이것저것 건드려보다가 결국 존재 의미조차 희미해진다.

팀장은 팀의 목적을 요약해서 보여주어야 한다. 팀원들은 한 번도 들어보지 못했다 해도 팀의 목적을 알고 이해하고 싶어 한다. 그래야 자신들의 노력이 보탬이 됐고, 자신들의 시간이 유용하게 쓰였다고 느끼기 때문이다. 단순히 "성장하자", "문제를 해결하자" 혹은 "과정을 개선하자"라고 말하는 것은 너무 모호하며 팀원들의 의욕을 자극하지도 못한다.

또 팀의 업무는 가능한 한 구체적으로 개인이나 집단을 돕는 일과 연계시키자. 마르코스의 송장 수정 팀에서는 실수를 바로 잡는 업무만 처리한 것이 아니었다. 마르코스의 팀은 송장 비용을 거래처에 정확하게 제때 지불해 회사에 도움을 주어야 한다는 소명 의식을 느꼈다. 마찬가지로 제품 개발 팀은 제품 출시뿐 아니라 고객 만족은 물론 고객의 삶 향상까지 목표로 삼을 때 최고의 팀이 된다.

9장 | 최고의 팀으로 거듭나는 가장 간단한 비결

병원 청소 팀을 대상으로 한 아주 흥미로운 연구가 있다.[74] 청소부들은 병실과 공동 공간을 깨끗이 청소했다. 지저분한 곳을 청소하는 일이라서 직업 만족도가 대체로 낮았다. 그런데 이 병원 청소 팀은 잘 운영되고 있었고, 팀원들도 자기 일을 좋아했다. 비결이 뭘까? 팀 목표를 '환자들 뒤치다꺼리'로 좁게 정의한 것이 아니라, '아픈 사람 돌보기'로 정의한 덕분이었다. 이들은 힘든 치료를 받는 환자들에게 편안한 환경을 제공해주었을 뿐만 아니라, 눈물 흘리는 환자에게 휴지를 건네주거나 구토로 괴로워하는 환자에게 물을 건네주는 등 환자들의 마음을 달래주었다.

이를 참고해 당신이 속한 팀의 목표를 요약해 각각의 색인 카드에 적는다. 그러고는 이렇게 질문해보자.

· 우리 팀이 회사의 목표나 비전 달성에 어떤 도움이 되는가?
· 우리 팀이 유용한 정보나 아이디어를 창출하고 있는가?
· 참여한 팀에서 개인적으로 어떤 활동을 즐기는가?

위 질문에 대답하기가 힘든가? 그렇다면 다른 팀원들에게 팀 목표를 어떻게 생각하는지 물어본다. 그래도 여전히 답을 모르겠다면 그 팀은 더 이상 존재할 이유가 없을지도 모른다. 과거에 목표가 있었지만 이미 그것을 달성했으니 말이다.

3단계 : 한데 모은 팀 평가하기

각각의 색인 카드를 집어 들고 평가하기 가장 쉬운 것부터 가장 어려운 것 순으로 살펴본다. 그러다 보면 대개는 당신의 참여도가 가장 낮은 팀부터 시작해 주 업무 팀을 마지막으로 정리하게 된다. 각 팀을 살펴보면서 이렇게 질문해보자.

· 내 일에 필요한 팀인가?

직장을 바꾸지 않는 한, 주 업무 팀에는 반드시 참여해야 한다. 당신의 업무 처리에 필요한 정보를 제공해주거나 당신이 정보를 제공해야 하는 팀, 혹은 상사가 조직하라고 지시한 팀은 유지해야 한다.

· 나의 이상적인 직장 생활에 한층 가까이 다가가게 도와주는 팀인가?

이런 팀에서는 동기부여나 비전 실현에 필요한 기술, 인맥을 얻을 수 있다.

· 보람과 성취감이 느껴지는가? 팀의 목표를 달성하기 위해 노력하는 일 자체가 즐거운가?

색인 카드를 내려놓기 전에 가끔 팀 분위기가 아무리 나빠져도 가치 있는 뭔가를 찾을 수 있다는 사실을 명심하고 이렇게 질문해보자.

· 같은 팀원에게 무엇을 배울 수 있을까?
· 가장 가깝게 지내며 즐겁게 대화하는 사람은 누구인가?
· 당신은 가치 있는 팀을 만들기 위해 어떤 업무를 수행하는가?

한데 모은 팀은 만족스러운 팀과 개선이 필요한 팀으로 나눈다. 주 업무 팀에서 일할 때 성취감이 높다면 그것만큼 좋은 일은 없다. 주 업무 팀은 보통 당신이 대부분의 시간을 보내는 곳이기 때문이다. 특정한 프로젝트 팀이 설렌다면 그 팀에 끌리는 이유는 무엇인가? 그 답을 알면 자신에 대해 더욱 많이 알 수 있고, 일에서 무엇을 얻고 싶어 하는지도 더욱 명확하게 보인다.

반드시 리더가 아니더라도 누구나 자기가 속한 팀을 개선할 수 있다. 팀을 좀 더 큰 동기부여의 원천이자 좌절감을 훨씬 적게 느끼는 곳으로 만들 수 있다. 물론 기존 팀을 더욱 열정적인 팀으로 만드는 몇 가지 간단한 방법이 있다.

── 아무것도 기여하지 못하는 사람은 없다

　의욕 없는 팀원 한 명이 팀 전체를 순식간에 망칠 수 있다. 그 사람 때문에 모든 팀원의 동기가 사라지기 때문이다. 게으름 피우며 회의 준비를 전혀 하지 않는, 있으나 마나 한 동료의 빈자리를 메우기 위해 노력하고 싶은 사람은 아무도 없다. 의욕 없는 참석자는 팀 분위기를 해치는 독약과 같다. '누구누구는 열심히 하지 않는데 왜 내가 열심히 해야 하지?'라는 생각이 전체에 퍼지면서 결국 팀은 엉망진창이 되고 만다. 비난이나 방어적인 태도도 좋지 않지만, 생산성 낮고 움직이지 않는 사람이 많아질수록 팀원들의 업무 수행 능력도 떨어진다. 몇몇 사람 때문에 늘어지는 회의 진행 속도를 높이려고 노력하다 보면 화가 나고, 결국 지치고 만다.

　구성원들이 팀에서 빠져나가는 데는 그만한 이유가 있다. 게

으르거나 무책임하기 때문이 아니다. 다른 팀원들보다 똑똑하지 않고, 아는 것이나 경험이 더 적어서 팀에 들어가지 않은 적이 있는가? 사람들은 종종 자신감이 부족해서 팀에 기여할 수 있는 보물 같은 자신의 독특한 능력을 알아보지 못한다. 팀에서 경험이 가장 부족한 사람도 때로는 가장 어려운 문제 해결에 도움을 줄 수 있다. 기여할 만한 것이 아무것도 없다는 잘못된 판단에 사로잡혀 팀 참여를 꺼리지 마라. 물론 스스로가 있으나 마나 한 존재처럼 보이도록 해서는 안 된다. 자신을 포함한 모든 팀원이 가치 있는 기여를 할 수 있다고 격려하며 자신감을 불어넣어 보자.

—— 팀을 정돈하는 최고의 비결

신속한 업무 처리가 대세인 오늘날에는 서로를 신뢰할 때 에너지가 바닥나는 방전 상태를 피할 수 있다.[75] 그뿐 아니라 끝내지 못한 회사 일을 집까지 가져갔다가 사랑하는 사람들과 시간을 보내지 못해 다음 날 부루퉁한 표정으로 출근하는 일도 없어진다. 신뢰는 유쾌한 업무 환경을 조성할 뿐만 아니라, 팀의 목표 달성에도 도움을 준다. 신뢰감이 높은 집단에서는 모두가 집단을 더욱 좋게 만들려고 노력한다. 반대로 신뢰감이 낮은 집단에서는 집단의 이익을 희생시켜가면서 개개인의 목표를 달성하려고 한다.[76] 이런 집단에서는 시간만 잡아먹고 아무런 해결책도 내놓지 못하는 논쟁만 오간다.

신뢰는 필요할 때 바로 쌓을 수 있는 게 아니다. 그러니 기다리지 말고 지금부터 당장 팀에서 신뢰를 쌓아가자. 우선 사무실 바깥에서 팀원들에 대해 알아보는 시간을 내자. 상대의 화답을 이끌어낼 수 있는 정보를 제공하고, 다른 팀원의 실수를 즉각 비난하지 않아야 한다. 나중에 실수해도 인정하지 않으려 할 수 있기 때문이다. 그보다는 과거의 실수에 대해 숨김없이 이야기를 나누면서 교훈을 얻으려고 노력하자.

물론 자신의 실수도 솔직하게 인정해야 한다. 자신의 한계를 인정하면, 누군가 작은 실수만 해도 호되게 비난하는 일이 없어진다. 이렇게 하면 더 나은 집단을 만들어나가기 위해 자신의 단점을 드러낼 수 있는 훨씬 편안한 환경이 조성된다.

—— 브레인스토밍 대신
'브레인라이팅'

당신의 의견에 동의하는 사람들이 가득한 곳에서는 마음이 편하다. 하지만 문제가 있다. 이견이 없다는 것은 자세한 분석이나 풍부한 토론이 충분히 이루어지지 않는다는 뜻이기 때문이다. 팀 내에서 반대 의견을 제시하길 두려워하다가 팀 실적이 떨어진다면 마음이 편치 않을 것이다. 이러한 현상을 흔히 '집단 사고'라고 한다. 집단 사고에 빠진 팀은 결과가 좋지 않다. 최상의 결과는 견해가 서로 다른 사람들과 편하게 이야기할 때 나온다.

다양성을 갖춘 팀에서도 고객 취향과 이전 프로젝트, 회사의 전형적인 운영 방식 등 모두 알고 있는 사실이 중심 화제가 된다고 한다.[77] 공통의 화제에 대해 이야기하고 싶어 하는 경향도 물론 있지만, 개개인이 각기 다른 지식과 정보를 다른 이들과 공유하기도 한다. 얼마 되지 않는 것 같은 이런 정보가 팀의 활력소가 된다.[78] 모든 팀원들은 자신만의 독특한 경험과 아이디어, 배경지식을 서로에게 제공할 수 있다.

집단 내에서 찬성 의견이 지나치게 많은 경우 '반대를 위한 반대'를 하는 역할을 누군가에게 맡기는 것도 좋다. 이 역할을 공개적으로 맡은 사람은 부담 없이 다른 팀원들의 아이디어에 반박하고 부족한 관점을 지적할 수 있다. 이런 역할은 늘 같은 사람이 아닌 여러 사람에게 맡겨야 한다. 그래야 새로운 관점에서 상황을 바라볼 수 있다. 게다가 한 사람이 항상 쓴소리만 하는 것도 쉽지 않은 일이다.

이렇게 해도 다양한 아이디어를 이끌어내기가 어려울 때 기억해야 할 것이 있다. 일반적으로 팀에서 자주 사용하는 브레인스토밍만은 피해야 한다는 사실이다. 브레인스토밍에서는 아이디어 창출과 평가가 동시에 이루어지기 때문에 기대에 못 미치는 아이디어가 나오기 일쑤다. 모두가 서로를 존중하면서 편하게 아이디어를 계속 제시하는 과정에서, 하나의 아이디어가 발전하기도 전에 무시당하는 경우가 흔하다. 다른 사람들의 아이디어가 빠르게 묵살되는 모습을 지켜보다가 결국 몇몇 사람들이 입을 다물고 만다 해도 놀랄 일이 아니다. 게다가 자신의 아이디어에 대한 부정적 평가를 개인적인 비판으로 받아들일 수도 있다.

그러므로 브레인스토밍 대신 브레인라이팅(brainwriting)을 시도해보자.[79] 팀 내에서 각자의 아이디어를 글로 써서 제시하는 것이다. 처음에는 조용히 진행되는 브레인라이팅은 브레인스토밍의 장점만 취할 수 있는 방법으로, 아이디어 창출과 평가를 분리

9장 | 최고의 팀으로 거듭나는 가장 간단한 비결

하게 해준다. 브레인라이팅을 하는 방법은 아주 간단하다. 먼저 팀원들에게 말없이 자신의 아이디어를 메모지에 적으라고 한다. 대개 15분쯤 걸리는 아이디어 창출 과정이 끝나면, 메모지를 비슷한 내용끼리 모은다. 이때 각각의 아이디어는 익명으로 제출해서 평가한다.

── 개인적 충돌을 확실하게
해소하라

개인적 차이나 정치관 때문에 팀 내에서 충돌이 너무 자주 일어난다면, 팀 전체는 물론이고 팀원 개개인에게도 피해가 갈 수 있다. 잦은 다툼과 인신공격을 지켜보거나 그에 연루되고 싶어 하는 사람은 아무도 없다. 이는 이상적인 직장 생활과 거리가 멀다. 다른 사람들의 극적인 드라마에 말려들지 말자. 누군가와 함께 다른 사람을 흉보는 게 진정한 관계를 맺는 방법이라고 생각해서는 안 된다. 그런 과정에서 생겨나는 친밀감은 일시적이고 거짓된 것이며, 당신의 진실성에 해만 끼친다.

당신의 아이디어에 이의를 제기했다고 해서 그 사람이 비열

하거나 당신을 싫어하는 것은 아니다. 물론 이 사실을 인정하기란 쉽지 않은 일이다. 당신의 아이디어에 대한 호의적이지 않은 평가는 당신의 자부심을 무너뜨리고 불안감을 자극해 인신공격처럼 느껴질 것이다. 설령 나쁜 의도가 없었다 해도 말이다. 이때 앞에서 언급한 신뢰가 답이 된다. 사전에 팀 내에서 형성된 신뢰는 보호막이 되어 아이디어를 둘러싼 의견 충돌을 생산적인 대화로 바꿔놓는다.[80]

당신이 일으킨 혼란은 개인적 충돌을 해결하는 과정에서 정리하는 것이 좋다. 때로는 가장 확실한 방법으로 상황을 개선해야 한다. 어렵더라도 이렇게 말하는 것이다.

"우리가 서로의 일을 지원해주는 좋은 파트너가 되면 좋겠어요. 제가 그런 파트너답게 행동하지 못했다는 거 알아요. 정말 미안해요."

당신이 선의의 행동을 보이면 대체로 상대도 그에 화답한다. 그렇지 않은 사람들은 연구자들의 용어를 빌리자면 '자아 지향성' 소유자다.[81] 이들은 개인 중심적 사고가 강해서 상대가 보여주는 선의의 몸짓을 알아보지 못한다. 이런 상대를 만난다 해도 한 번 더 시도해보자. 이번에는 과거의 불화를 해소하겠다는 의지를 좀 더 확실하게 드러내면서 말이다.

팀워크를 살리는 '피자 두 판의 법칙'

연구 결과에 따르면 규모가 클수록 팀원들의 만족도가 떨어진다고 한다. 대규모 팀은 여기저기서 비슷한 아이디어가 많이 나와 어수선하고 혼란스러울 가능성이 크다. 게다가 개개인이 두각을 드러내기 어렵고, 주변에 사람이 너무 많아 각자의 영향력을 파악하기가 힘들다.

무엇보다 팀 규모가 클수록 대부분 일 처리 속도가 느려진다. 구성원이 많은 팀은 합의를 이끌어내는 데 시간이 많이 걸리고, 때로는 합의가 불가능하다. 아마존의 CEO 제프 베조스(Jeff Bezos)는 '피자 두 판의 법칙'을 언급한 바 있다. 팀은 피자 두 판으로 식사를 해결할 수 있는 규모여야 한다는 것이다. 학자들의 연구 결과 역시 베조스의 법칙을 뒷받침해준다. 아이디어 창출과 의사 결정, 혹은 혁신을 추구하는 팀의 최적 규모는 4~6명이고, 효율성의 한계까지 밀어붙이면 최대 9명이다.[82]

그러니 규모가 큰 팀은 좀 더 작은 그룹으로 나누는 것이 좋다. 색다른 관점을 제공하지 못하는 사람을 또 다른 팀원으로 선불리 추천하지 않는다. 책임자라면 소규모 팀을 구성하자.

마리에의 경우 팀을 구성할 때 팀원들의 잠재력과 창의성을 극대화할 수 있는 일을 찾아 그에게 위임한다고 한다. 예를 들어 비서 케이(Kay)는 엑셀로 문서를 관리하고 체계적으로 처리하길 좋아하며, 세세한 일을 잘해낸다. 그래서 그런 일은 항상 케이에게 부탁한다. 한편 소셜미디어 관리자 조셀린(Jocelyn)은 사회적 영향력을 행사하는 데 관심이 많다. 그래서 마리에는 팔로어 수를 늘리려고 애쓰기보다는, 세상을 더 나은 곳으로 만드는 방법에 대해 조셀린과 대화를 나눌 때가 많다.

이처럼 개개인의 동기와 성취감을 자극하는 것이 무엇인지 알고 팀원들과 신뢰를 쌓는 것이 중요하다. 팀은 구성원에게 영감과 에너지의 원천이 될 수 있지만, 실제로는 팀원들의 기대에 못 미치는 경우가 많다. 팀의 성공은 직함과 연공서열, 혹은 근무 기간과 상관없이 모든 팀원에게 달려 있다. 최선을 다해 팀을 정돈하자. 그러면 자신뿐 아니라 다른 모든 팀원들이 직장 생활에서 최고의 만족감을 느낄 수 있다.

10장

정리의 즐거움을 전염시켜라_
정리의 마법 공유하기

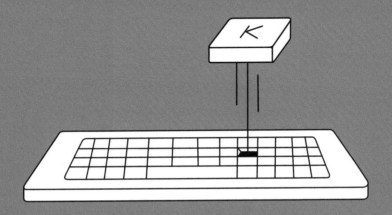

　지저분한 공용 공간이 바로 코앞에 있는데 개인 책상을 깨끗이 정리하는 게 무슨 도움이 되는지 모르겠다고? 일정을 비워 둬도 다른 사람들이 정기적으로 다시 채워 넣는데 왜 굳이 일정을 정리해야 하나 싶다고? 받은 이메일로 가득한 업무용 메일함은 단호한 디지털 정돈가에게도 처리하기 곤란한 골칫거리일 수 있다. 상황이 이러해도 정리를 해야 하는 이유는 이렇다. 업무를 조직적으로 정리하면 깔끔한 책상과 질서 잡힌 일정, 혹은 정돈된 메일함 그 이상의 결과를 얻을 수 있기 때문이다. 결과적으로 업무를 원하는 방향으로 어느 정도 통제할 수 있게 된다.

　물리적 업무 공간과 비물리적 요소를 모두 정리했다면 이제 무엇을 해야 할까? 바로 정리의 놀라운 효과를 다른 사람들과 공유하는 것이다. 책임자가 아니면 많은 것을 바꿀 수 없다고 생각하기 쉽다. 그래서인지 직장에서 마주하는 모든 난장판을 회사의 최고 책임자 탓으로 돌리는 경우가 많다. 물론 리더가 어느 정도는 비난받아 마땅한 경우도 있다. 그렇다 해도 리더가 움직일 때까지 지켜보기만 하기보다는, 상황을 개선하기 위해 당신이 할 수 있는 일을 시작하길 권한다.

작은 행동이 쌓여서 조직에 놀랍도록 큰 변화를 가져다줄 수 있다. 스스로가 그러한 변화를 이끌어낼 정도로 중요하지 않다거나, 직위가 높지 않다고 생각하지 마라. 전혀 그렇지 않다! 기업 문화는 하루아침에 바뀌지 않는다. 그러니 정리를 통해 높은 성과를 얻을 수 있는 분위기를 차츰차츰 널리 퍼뜨려나가자.

—— 강요할 순 없지만 일깨워줄 순 있다

내 연구실은 엉망이다 못해 난장판이 되기 일쑤였다. 교수라는 직업을 고려해도 책이 너무 많았다. 대부분은 몇 년 동안 건드리지도 않은 책이었다. 각종 자료는 산더미같이 높이 쌓여 시야를 가로막았다. 너저분한 책상 서랍은 편의점을 방불케 했다. 간식은 사놓은 지 한참이 지났고, 몇 년이나 묵혀둔 사무용품은 포장도 뜯지 않은 채였다. 정체 모를 열쇠도 하나 있었다. 아직도 그 열쇠가 어디 것인지 모른다.

『스트레치(Stretch)』 집필을 끝냈을 때까지도 정리하고 싶은 생각이 거의 없었다. 그런데 당시 책이 곤마리 정리법과 어떤 관계가 있느냐는 질문을 많이 받았다. 솔직히 말해서 그런 질문을 처음 받았을 때 깜짝 놀랐다. 나는 이미 가진 것을 최대한 활용해서 창의성을 키우고, 업무 수행 능력을 높이고, 궁극적으로는 더 나은 삶을 영위할 수 있다는 것을 사람들과 공유하고 있었다. 그리고 마리에가 크게 호평받는 작가이자 정리 전문가라는 사실도 알고 있었다. 하지만 정리법을 배우는 것과 성공적이고 만족스러운 직장 생활이 무슨 관계가 있단 말인가?

《웰플러스굿(Well+Good)》에서는 2017년에 가장 흥미로운 10대 도서 목록을 발표했다. 그 목록에 『스트레치』가 선정되면서 '차세대 마리에 곤도하기(kondo_ing: '정리하다'라는 뜻의 신조어-옮긴이)' 도서로 불렸다. 그 이후 정리에 호기심이 생긴 나는 실험적으로 연구실을 정리해보기로 했다. 하지만 정말 효과가 있을지는 다소 의심스러웠다.

그런데 곤마리 정리법을 실천한 이후 나타난 중대한 변화를 직접 체험할 수 있었다. 정리가 실질적인 조직화보다 자기 발견 과정에 훨씬 더 가깝다는 사실을 깨달은 것이다. 깔끔하게 정리된 공간은 사람들의 이목을 끌고, 정리에 대한 관심을 불러일으킨다. 결국 정리란, 자신에 대해 배워서 바라는 삶에 한층 더 가까이 다가가는 과정이다.

내가 연구실 정리를 끝내자 동료들이 놀람을 감추지 못하고 "와, 어떻게 된 거예요?", "사무실이 아주 멋져 보여요!"라고 말했다. 그리고는 자신들이 좋아하는 것으로 가득한 공간을 갖고 싶어 했다. 사무실 정리법을 공유하는 것은 시작에 불과했다. 나는 다른 직원들이 업무의 '모든' 측면을 정리하게 돕겠다는 목표를 세웠다.

이는 당신도 할 수 있는 일이다. 다른 사람들에게 정리를 하라고 강요할 수는 없지만, 당신의 정리 비결을 알려주면서 그들의 정리 의욕을 일깨워줄 수 있다. 이메일과 일정을 관리하는 전략을 알려주자. 당신의 스마트폰과 컴퓨터 바탕화면도 보여주자. 너무 많은 결정에 파묻혀 우왕좌왕하지 않는 비결도 알려준다. 당신이 질 높은 관계를 맺으면 다른 사람들도 감동받아 따라 할 것이다. 회의 안건을 알려달라고 정중하게 요구하는 방법과 그 이유를 설명해주는 것도 빼놓지 말자.

할 수 있다면 여기서 한 단계 더 나아가자. 상사나 CEO에게 모든 직원이 자신의 업무 공간을 바꿔놓을 수 있는 '정리의 날'을 정하자고 제안하는 것이다. 일주일 중 하루는 필수적인 회의를 제외한 회의를 모두 취소하고, 남은 회의 시간도 단축하자고 건의한다. 그런 다음 이렇게 절약한 시간에 자신에게 최고의 만족감과 성취감을 주는 일이 무엇인지 분석할 수 있다. 모든 직원들에게 매일 1시간 동안 이메일을 확인하지 말 것을 권해보자. 그러면 지속적으로 각자를 방해하는 것에서 벗어나 가장 중요한 것에 몰입할 수 있다. 다음으로 새로운 정리법을 배우고, 정돈된 상태를 유지할 수 있도록 서로를 격려하는 소모임을 구성하는 것도 좋다.

—— 정리는 일하는 공간에 대한
     모두의 '배려'다

사람들은 대부분 바닥에 떨어진 종잇조각을 보고도 그냥 스쳐 지나간다. 사무실 휴게실에서 마지막으로 더러운 그릇을 보고도 그냥 지나친 것이 언제였는지 기억나는가? 회의실에 들어 갔다가 지저분한 화이트보드를 본 적이 있는가? 이렇게 지저분한 환경은 그 자체로는 그다지 큰 문제가 아니다. 하지만 업무 공간에 대한 구성원의 배려가 부족하다는 사실을 암시한다.

별것 아닌 것들이 시간이 지남에 따라 쌓이고 쌓여 점점 더 지저분해진다. 한 연구에서는 정돈된 공용 업무 공간과 지저분한 공용 업무 공간을 비교해보았다. 짧은 시간 동안 지저분한 공간에는 정돈된 공간보다 3배나 많은 잡동사니가 쌓였다.[83] 잡동사니 차단막으로 작용하는 정돈된 상태가 흐트러지자마자 물건을 쌓아두기가 훨씬 쉬워진다. 직장에서 어떤 영역을 정리하든 이 원리는 똑같이 적용된다. 예컨대 회의에 사람들을 너무 많이 초대하거나 지나치게 많은 이메일을 보낼 때도 마찬가지다. 머지 않아 모든 사람들이 잡동사니에 잡동사니를 더하게 된다.

내 아버지는 모텔을 경영하는 사업가셨다. 어릴 때는 여름에 며칠 동안 아버지와 함께 일하러 가곤 했다. 아버지는 모텔을 둘러보면서 항상 복도에 떨어진 쓰레기를 주우셨다. 하루는 청소부가 많은데 사장인 아버지가 왜 직접 청소를 하느냐고 물어보았다. 그러자 아버지는 차분한 목소리로 이렇게 말씀하셨다.

"일하는 공간에 대한 배려는 청소부에서 상사까지 직원 모두가 해야 할 일이란다."

이 교훈이 머릿속에 깊이 박혀 지금까지 남아 있다.

관리자가 되어야 한다는 과도한 부담감은 가지지 말자. 대신 이렇게 질문해본다. 업무 공간을 배려하기 위해 내가 할 수 있는 작은 일은 무엇일까? 본론에서 자주 벗어나고 정치적 의사 표현이 많아 회의가 엉망진창이 될 때는 어떻게 해야 회의를 본래 궤도에 올려놓을 수 있을까? 이메일 대화 목록이 점점 길어져 통제를 벗어날 때는 어떻게 해야 원래 주제에 집중할 수 있을까?

지금 필요한 것은 배려다.

── 직장에서 정리만큼 의미 있는 한 가지

물건을 제대로 관리하는 것이 당신의 인생에 얼마나 중요한 영향을 미치는지는 정리를 통해 깨달았을 것이다. 그보다 더 중요한 것은 당신과 함께 일하는 사람들을 소중하게 대하는 것이다. 보통 사람들은 자신의 동료를 당연시하며, 동시에 동료한테

서도 같은 취급을 받는다. 동료의 업무 처리 결과와 노력, 회사 환경 기여도는 당신의 성공과 만족에 의심할 여지없이 중요한 영향을 미친다. 정치적으로 반대편에 있거나 한정된 자원을 두고 다투는 사람, 혹은 당신과 논쟁하는 사람이 존경할 만한 존재라는 사실은 잊어버리기가 매우 쉽다. 상대를 존중하면 당신도 존중받을 수 있다. 그러면 쌍방이 모두 더욱 발전할 수 있다.

여기서 잠깐 간단한 테스트를 해보자. 당신은 동료를 소중히 여기는가? 다음 질문에 전혀 그렇지 않다(1점), 거의 그렇지 않다(2점), 가끔 그렇다(3점), 매우 자주 그렇다(4점), 항상 그렇다(5점)로 답해보자.

· 다른 사람들에게 감사 표현을 하는가?

· 다른 사람들의 기여도를 인정하는가?

· 다른 사람들을 존경하고, 그들을 위한 공간을 마련해주고, 자기 본연의 모습으로 살아가라고 격려해주는가?

· 의심스러운 점이 있는 사람도 믿어주는가?

· 다른 사람들을 존경할 가치가 있는 사람으로 대하는가?

각 항목 점수를 합산한 결과가 20점 미만이라면 좀 더 노력할 필요가 있다. 타인의 존재를 알아주고 그의 이야기를 들어라. 솔직하게 이야기하며 만나는 모든 사람을 존중하고 인정해야 한다. 권력과 지위, 부, 명성에 따라 대우를 달리해서는 안 된다. 정리의 핵심 교훈인 감사하는 마음을 본보기로 제시해 모든 사람을 존경하는 환경을 조성한다.

단, 조직에서 제공하는 특혜에 감사하는 실수는 저지르지 마라. 나는 실리콘밸리의 스타트업에서 일하던 시절, 아침과 저녁 식사를 공짜로 제공받았다. 처음에는 무료 식사가 열심히 일하는 직원들에게 감사를 전하는 좋은 방법이라고 생각했고, 매일 저녁 메뉴가 뭘까 기대하곤 했다. 그런데 가만히 생각해보니 무료 식사 제공이 근무시간을 연장하는 전략이라는 사실이 분명해졌다. 나는 종종 저녁 식사를 먹으려고 업무 처리를 질질 끌기도 했다. 저녁 시간은 엉망이 되고, 잠도 제대로 못 자게 되는데도 말이다.

사람들이 바라는 것은 공짜 식사나 선물이 아니다. 그보다는 자신들이 한 일을 인정받고 싶어 한다. 일을 잘 처리했다는 칭찬, 가족과 함께 보낼 시간을 일에 투입해 더 많이 노력했다는 인정을 받기 바란다. 상사든 집단에서 가장 지위가 낮은 사람이든 일에 기여한 사람들에게 진심으로 감사하자.

미국인 2,000명을 대상으로 한 최근 조사에 따르면, 사람들은 대부분 동료에게 감사하면 훨씬 더 행복해지고 만족스러워진다고 생각했다.[84] 하지만 동일한 조사에서 특정한 하루 동안 직장에서 누군가에게 감사를 표현한 직원은 전체 중 10%에 불과했다. 감사를 주고받는 과정에서도 만족감을 느낄 수 있는데, 크고 작은 행동이 알아봐주는 사람 한 명 없이 인정받지 못한 채 묻혀버리고 마는 것이다. 또 감사 인사를 받은 직원들은 업무에 훨씬 더 몰두하고 동료를 더욱 잘 도와줄 가능성이 높다고 한다.[85]

진지한 감사 표현은 시간도, 비용도 거의 안 드는 일이다. 맞춤 티셔츠를 판매하는 직원 1,500명 규모의 한 회사에서는 '와우(wow)' 카드로 직원들의 노고를 치하한다. 아주 소소해 보이는 성취(고객을 도우려고 덤으로 한 일에 감사하기)에서 회사의 이정표가 되는 일(중요한 프로젝트 완수)에 이르기까지, 동료의 모든 업무 처리에 감사하기 위해 누구나 와우 카드를 보낼 수 있다. 여기에는 고맙게 여기는 내용을 자세하게 써야 한다. 구체적인 내용을 써야 진심을 전할 수 있다.

조직 내에 감사를 전하는 공식적인 방법이 없다면 직접 그 방법을 찾아보라. 직장에서 사람들은 놀라운 기여를 할 수 있지만, 고된 일상에 쫓겨 그러지 못한다. 잠시 하던 일을 멈추고 주위를 둘러보자. 무엇이 보이는가? 동료에게 무언가를 해줘서 고맙다고 진심으로 감사한 게 언제였나?

일 정리법을 동료와 공유하면서 이를 통해 당신의 일과 생활이 어떻게 달라졌는지도 이야기하자. 그러면 머지않아 다른 사람들도 당신처럼 정리로 달라진 직장 생활과 인생을 맛보고 싶어 할 것이다. 그리고 이런 사람들이 하나둘 늘어나면서 당신의 일터가 긍정적인 기운으로 가득 채워질 수 있다.

11장

정말 중요한 것에 집중하는 삶을 위하여

—— 생산성을 높이는
'파워 스폿'의 힘

회사에 다닐 때 출근하면 제일 처음 하는 일은 업무 공간 정리였다. 가방을 내려놓고 책상 위부터 시작해 노트북과 키보드, 마우스를 깨끗이 닦았다. 월요일에는 특히 꼼꼼하게 청소했다. 무릎을 꿇고 앉아 의자 다리를 닦고, 책상 아래로 기어 들어가 전선을 닦았다. 이렇게 써놓고 보면 엄청 대단한 일 같지만, 막상 청소하는 데 1분도 채 걸리지 않았다. 덕분에 책상은 완전히 깔끔해졌다. 두 손은 청소하느라 바빴지만, 마음을 비우고 짤막한 명상에 잠길 수 있었다. 이렇게 청소는 근무 모드로 전환하는 의식이 되었다.

그러자 마음이 가벼워졌고, 일에 집중하기도 한층 쉬워졌다. 업무 실적이 향상되어 거래량과 판매량이 증가한 덕분에 분기별 회의에서 여러 번 칭찬받았다. 믿을 수 없다고? 나만 그런 것이 아니었다. 고객 중에는 일하는 공간과 대상을 정리한 것만으로 업무 실적이 나아진 사례가 수없이 많았다. 많은 이들이 업무 공간 정리로 하루를 시작한 이후 자신의 프로젝트 제안이 훨씬 더 쉽게 받아들여졌고, 놀라울 만큼 실적이 향상되었다는 사실을 깨달았다.

이러한 결과가 나온 이유를 곰곰이 생각한 끝에 마침내 얻은 결론은 이러했다. 짧은 아침 시간에 자기 책상을 청소하려면 책상이 이미 깔끔하게 정돈되어 있어야 한다. 정돈된 책상은 서류를 찾아 헤매거나 어디에 보관할지 생각할 일이 더 이상 없다는 뜻이다.

정돈된 자리에서는 일의 효율성이 높아진다. 게다가 질서 정연한 업무 환경에서는 기분이 좋아져 보다 긍정적인 전망을 갖게 되고, 아이디어와 영감이 넘쳐흐른다. 결국 정리를 통해 자신이 원하는 것을 깨닫고 최고의 능력을 발휘할 수 있게 되는 것이다. 이를 통해 고객과 동료를 대하는 태도와 행동이 변하면서 자연스럽게 더 나은 성과를 거두게 된다.

남기기로 한 것은 잘 관리하기만 하면 긍정적인 에너지를 뿜어낸다. 몇 년간의 경험으로 장담하건대, 집이든 사무실이든 이런 마음으로 머무는 곳은 편안하고 활기가 넘치는 '파워 스폿(power spot)'이 된다.

당신이 일하는 공간을 긍정적인 에너지가 발생하는 파워 스폿으로 만들려면 먼저 깨끗이 정리해야 한다. 청소를 하는 동안에는 잊지 말고 물건에 감사하자. 당신이 성과를 내는 데 아주 작은 도움이라도 주는 물건이 있다면, 쓰고 제자리에 돌려놓을 때마다 고마웠다고 말하는 것이다.

업무를 순조롭게 진행하는 데 도움이 되는 모든 것들에 감사하면서 하루를 시작하고, 하루 종일 그 마음을 잃지 않는 것이 가장 이상적이다. 하지만 그게 쉽지 않다면 생각날 때마다 감사하는 연습을 하는 것이 좋다. 고객 중 한 명은 아주 좋은 방법을 생각해냈다. 자신의 업무 수행에 도움을 주는 도구들에 잊지 않고 감사하려고 예쁜 테이프에 '항상 감사하자!'라고 적어서 컴퓨터 화면 가장자리에 붙여놓는 것이다.

이처럼 공간과 물건을 소중히 여기는 마음은 무한한 효과를 발휘한다. 당신의 업무 공간도 파워 스폿으로 바꿔보는 게 어떨까?

── 나만의 플러스 아이템 찾기

"정리가 아니라 인테리어 디자인을 한다고 생각해봐."

어느 날, 내 친구가 정리하기 싫어 머뭇거리고 있을 때 그 친구의 엄마가 한 말이다. 꼭 해야 한다고 생각할수록 정말 하기 싫은 잡일처럼 느껴진다. 하지만 정리가 최고의 성과를 낼 수 있는 업무 공간을 만드는 창의적인 노력이라고 생각하면 즐겁게 시작할 수 있다. 그러니 업무 공간을 정리할 때는 '정리'한다고 생각하지 말자. 영감을 주는 공간을 디자인한다고 생각하자. 실제로 정리는 실내장식과 비슷하다. 자신만의 이상적인 직장 생활을 염두에 두고, 가장 원하는 결과를 실현하기 위해 무엇을 할 수 있는지 생각하며 정리하는 것이다.

펜 정리를 예로 들어보자. 고객 중에는 정리를 시작하고 나서야 자신이 사은품으로 받은 펜만 사용하고 있다는 사실을 깨닫는 이들이 종종 있었다. 정리를 시작한다면 이때야말로 업무 성과를 최대로 높여주는 펜을 고를 수 있다. 펜뿐 아니라 펜꽂이와 가위, 혹은 테이프 등도 마찬가지다. 그리고 물건을 바꿀 때는 시간을 갖고 천천히 생각해보는 것이 가장 좋다. 서둘러서 그럭저럭 만족스러운 새로운 물건을 사기보다는, 갖고 있는 것들을 살펴보거나 만져보면서 진짜 원하는 게 나올 때까지 계속 찾아보라고 권하고 싶다.

일 처리에 필요하지는 않지만 당신에게 영감을 주는 것이라면 몇 가지 골라서 놓아둘 수도 있다. 나는 이런 것들을 '플러스 아이템'이라고 부른다. 사진이나 엽서, 혹은 특별히 좋아하는 식물 등 기운을 북돋아주는 것이라면 무엇이든 괜찮다. 내가 정리 컨설팅을 하면서 마주한 아이템 중 가장 독특한 것은 어느 회사 사장님이 책상에 올려놓은 칫솔 세트였다. 컨설턴트로 일하면서 다양한 물건을 보았지만, 칫솔 세트만큼 특이한 것은 없었다. 왜 칫솔 세트를 책상에 가져다놓았는지 묻자 그 사장님은 이렇게 대답했다.

"제가 책상에 앉아 있어도 양치질하는 걸 보면 아무도 다가와서 말을 걸지 않거든요. 칫솔 세트는 그 누구의 방해도 받지 않고 집중하고 싶을 때 사람들을 물리치는 아주 편리한 도구입니다."

나는 활동 무대를 미국으로 옮기면서 미국인들이 일본인들보다 플러스 아이템을 훨씬 더 많이 사용한다는 사실을 알아차렸다. 일본인들은 직장에서 개인적인 물건을 꺼내놓기를 꺼린다. 반면 미국인들에게는 결혼사진이나 화분 등으로 책상을 장식하는 게 아주 흔한 일이다. 비행기 모형과 커다란 헬륨 풍선을 본적도 있다. 처음에는 그 광경에 놀랐지만, 업무 공간에 어느 정도 재미를 더하는 게 얼마나 중요한지 깨달았다.

미국에서 여러 회사의 사무실에 가봤지만, 그중 샌프란시스코의 에어비앤비(Airbnb) 사무실이 재미 면에서는 으뜸이었다. 그곳은 직원들의 창의성을 장려하고 개방적인 협의를 가치 있게 여기는 곳이었다. 직원들이 혼자 일하거나 소규모 회의실로 사용할 수 있는 작은 공간이 많았는데, 각 공간은 파리와 시드니 혹은 런던 등 세계 각지의 여러 도시에서 영감을 얻어 디자인했다. 붉은 종이등과 입구에 걸린 커튼, 고풍스러운 장식품 등 1950년대 일본의 이자카야 분위기를 완벽하게 재현한 공간도 있었다.

당신의 업무 공간에서도 영감과 아이디어를 더하기 위해 할수 있는 일이 있다. 몇 가지 예를 들자면 다음과 같다.

· 책상 위 물건들과 잘 어울리는 색을 고른다.
· 좋아하는 영화나 이야기를 주제로 업무 공간을 장식한다.

- 책상에 장식할 사진을 온라인에서 찾아본다.
- 책상에 작은 화분을 올려놓는다.
- 가슴 뛰는 기억을 떠올리게 하는 사진을 놓아둔다.
- 특별한 향기로 공간을 채운다.
- 좋아하는 컵 받침을 고른다.
- 컴퓨터 배경화면을 각 계절에 맞게 바꾼다.

어떤가? 지금 일하는 공간을 파워 스폿으로 만들 아이디어가 떠오르는가? 상상력을 자유롭게 펼쳐 당신만의 플러스 아이템을 더해보자.

── 새로운 단계로 나아갈 때는
  가진 것을 놓아주어야 한다

정리를 하다 보면 중요한 것과 그렇지 않은 것을 가려내기가 한층 쉬워진다. 그래서 결국 다른 모든 것들도 가려내는 법을 배우게 된다. 나는 업무 공간 정리를 끝내자마자 이직하거나 직장을 그만두고 자기 사업을 시작한 사람들을 많이 알고 있다. 그런

이들의 이야기를 전해 들은 사람들은 종종 이렇게 말한다.

"지금 제가 하는 일은 가슴 뛰도록 행복한 일이 전혀 아니에요. 당장 이 일을 그만두고 다른 일을 찾아야 할까요?"

식품 제조업체 직원인 유(Yu)라는 고객이 있었다. 그는 집과 업무 공간을 정리하면서 자신의 잠재력을 최대한 발휘할 수 있는 일이 액세서리 만들기라는 사실을 깨달았다.

"이 회사는 급여 조건이 괜찮은 편이에요. 하지만 항상 지쳐서 집으로 돌아가죠. 회사 일이 정말 재미없어요. 액세서리 제조업체로 이직하거나, 디자이너가 되어 제 사업을 시작하는 게 더 낫지 않을까 싶어요."

나는 보통 고객에게 이런 이야기를 들을 때면, 제일 먼저 가슴 뛰게 하는 길을 따라가라고 충고한다. 하지만 이 경우에는 그렇게 간단하지 않았다.

"액세서리 디자이너로 일해서는 생계를 유지할 수 없어요. 지금 다니는 회사만큼 괜찮은 곳도 없고요."

그래서 유에게 차선책으로 스스로를 분석해보라고 했다. 지금 자신이 하는 일의 각기 다른 측면을 살펴보고, 자신에게 최대 만족을 주는 것과 그렇지 않은 것을 가려내는 것이다. 또 유에게 자신이 통제할 수 있는 측면과 그렇지 않은 측면도 찾아보라고 했다.

그로부터 몇 달 후, 유를 다시 만났을 때 달라진 그의 모습에 깜짝 놀랐다. 그는 훨씬 생기 넘치고 여유로워 보였다. 이야기를 들어보니 그는 자신의 일을 평가해보고 나서 일을 그만두지 않기로 결정했다고 말했다.

"일과 삶을 분석해보니 혼잡한 시간에 출퇴근하는 게 저를 힘들게 하는 이유 중 상당한 비중을 차지하더라고요. 사람이 많은 시간에 출퇴근하다 보니 녹초가 됐죠. 그래서 아예 1시간 일찍 출근하기로 했어요. 그러자 아침에 느끼던 피로감이 크게 줄어들고 일도 훨씬 효율적으로 할 수 있었어요. 제가 싫어하는 고객을 상대하는 것도 회사 일이 재미없다고 느끼게 하는 것 중 하나였죠. 그래서 용기를 내서 상사에게 그 고객 담당자를 다른 사람으로 바꿔달라고 했어요.

그렇게 제가 바꿀 수 있는 것을 바꿔나가자 즐거움을 앗아가는 많은 일들을 쳐낼 수 있었죠. 지금은 정말 즐겁게 일하고 있어요. 물론 모든 게 다 설레는 것은 아니에요. 하지만 괜찮은 월급을 받으면서 여가 시간에 액세서리 디자인을 하는 게 일과 생활의 균형을 맞추는 최상의 방법이란 걸 깨달았습니다."

유처럼 이직해야 할지 고민하는 사람에게는 먼저 현재 자신의 상황을 분석해보라고 말해주고 싶다. 직장에서 마주하는 어려운 문제는 동료나 고객과의 관계에서 생긴 것이든, 온전히 업무로 생긴 것이든 그 원인이 복합적이다. 그러므로 각각의 문제를 개별적으로 마주해야 한다.

지금 이 순간 직장에서 기쁨을 주는 일과 그렇지 않은 일은 무엇인가? 당신이 바꿀 수 있는 것과 없는 것은 무엇인가? 자신의 상황과 접근법을 객관적으로 살펴보고, 이상적인 직장 생활을 실현하기 위해 해야 할 일을 생각해보자. 상황을 개선할 방법이 있을지도 모른다.

지금 직장에서 계속 일하든 이직이나 창업을 하든, 다음 단계로 나아가기 위한 최선의 준비는 자신이 처한 현실을 평가하고 받아들이는 것이다. 이것이 정리를 통해 내가 얻은 교훈이다. 새로운 단계로 나아갈 때는 언제나 다른 무언가를 놓아주고 작별을 고해야 한다. 그러므로 먼저 마음의 준비를 하는 게 중요하다. 중요하지 않은 물건을 버릴 때는 그것이 왜 싫어졌는지, 어떤 이유에서 필요 없어졌는지 생각해야 한다. 이때 자칫하면 버린 것과 똑같은 것을 더 많이 사서 예전과 비슷한 문제에 빠질 수도 있다.

그러므로 무언가를 버릴 때는 그게 있어서 좋았던 점을 생각해보고, 그동안 고마웠다고 인사한다. 버릴 물건에 쏟아붓는 긍정적 에너지는 새로운 만남을 주선해준다. 이런 원칙은 이직 문제에도 똑같이 적용된다. 지금 하는 일을 긍정적으로 생각하고 감사하게 여기면 그동안 힘들었어도 덕분에 일정한 거리 두기의 중요성을 깨달았다거나, 자신에게 가장 잘 맞는 업무 스타일을 찾을 수 있었음을 깨닫게 된다. 그리고 이러한 태도는 인생의 다음 단계에서 당신에게 딱 맞는 일을 찾아줄 것이다.

—— 인간은 일하면서 성장한다

지금까지 내가 만난 사람들 중 자신의 일을 가장 즐기는 것 같았던 사람은 서예가이자 화가인 소운 다케다(Souun Takeda)였다. 그를 만나기 전에는 '서예가' 하면 이맛살을 찌푸린 채 아주 엄숙하고 진지하게 붓을 휘두르는 사람이라고만 생각했다. 그렇지만 소운은 그런 내 생각과는 정반대였다.

"새로운 작품을 만들어내는 창작의 고통 같은 건 겪어보지 못했어요. 그저 트림을 하는 것 같죠. 이유는 모르겠지만 그냥 작품이 튀어나오는 것 같아요."

이 얼마나 독특하고 편안한 작업 방식인가! 마흔두 살인 소운은 인기 있는 다작 예술가로, 자신의 일을 진심으로 좋아하는 사람이다. 그러나 성공이 저절로 찾아온 것은 아니었다. 세 살 때부터 전문 서예가이던 어머니에게 서예를 배웠지만, 대학교를 졸업한 후에는 IT 대기업에서 일했다. 회사를 그만두고 서예가로 독립했을 때는 고객을 유치하기가 힘들었다. 지금 같은 위치에 오르기까지 많은 시간과 노력을 투자했다.

나도 마찬가지다. 다섯 살 때부터 내게 정리는 숨 쉬는 것처럼 자연스러운 일이고, 더없이 재미있는 일이기도 했다. 또 대담과 도서, 텔레비전, 그 밖의 미디어를 통해 전 세계 사람들에게 나만의 정리법을 알려왔다. 지금도 많은 도전을 마주하며 그 과정에서 배우고 성장하고 있다.

이 모든 일이 항상 순조롭게 흘러간 것은 아니었다. 수년 동안 시행착오를 거쳐 나만의 정리법을 개발한 끝에 지금의 모습이 될 수 있었다. 회사를 그만두고 정리 컨설턴트로 나섰을 때 첫 세미나에 등록한 사람은 4명에 불과했다. 그나마 2명은 직전에 등록을 취소했다. 세미나 장소가 거의 텅텅 비어서 내 생각을 전하기가 어려웠다. 너무나 비참했고, 세미나 참석자들에게 미안해서 달아나고 싶었다. 경험 미숙을 뼈저리게 통감한 시절이었다.

그 경험 덕분에 마케팅 기술이 부족하다는 사실을 깨달았다. 그 후로 홍보와 경영에 대한 책을 닥치는 대로 읽었다. 또 세미나와 각종 모임에 참가해 인맥을 쌓기 시작했다. 노출 횟수를 높이려고 정기적으로 블로그도 운영했다. 대규모 세미나보다는 커뮤니티 센터에서 10명 정도로 이루어진 소규모 세미나를 진행했다.

나중에는 웰니스(wellness) 행사에서 나만의 부스를 마련했다. 주목받으려고 일본 전통 의상인 유카타를 입고, 허리띠에는 '당신의 정리 문제를 해결해줍니다!'라고 쓴 커다란 부채를 꽂았다. 그런 차림으로 행사장을 돌아다니며 정리 컨설팅 사업을 홍보했다. 이러한 전략 덕분에 30명 규모의 월간 세미나를 열 수 있었다. 그뿐 아니라 개인적인 고객도 늘어나기 시작했다. 대기자가 6개월 후까지 꽉 차자 사람들이 정리법에 대한 책을 써달라고 요청했고, 그러면서 첫 번째 책을 출간하게 되었다.

첫 책이 나온 후에도, 수천 명에 달하는 사람들 앞에서 강연하는 지금도 나는 여전히 새로운 도전을 마주하고 있다. 그렇지만 한 해 한 해가 지나가는 동안 경험이 점점 더 많이 쌓여가면서 내 일에 대한 설렘도 점점 더 커져간다.

11장 | 정말 중요한 것에 집중하는 삶을 위하여

일의 기반은 축적된 경험이다. 인간은 일하면서 성장한다. 처음부터 흥미진진한 일은 없다. 뭔가가 잘 되지 않거나 지금 이 순간 이건 아니다, 싶더라도 꿈꿔온 미래를 향해 나아가고 있다면 성장통을 겪는다고 생각하자. 직장 생활이 항상 행복하지 않더라도 실패했다고 생각하지 말자. 이상적인 직장 생활을 향해 한발 더 나아가는 과정이라고 생각하고 즐기자. 당신이 아직 성장하고 있다는 사실을 자축하자. 지금 이 순간 매일 경험을 쌓아가면서 당신이 만족할 직장 생활을 만들어나가고 있다고 자신 있게 말하자.

—— "지금도 당신을
싫어하는 사람이 많아요"

정리는 우리가 원하는 것을 명확하게 보여줄 수 있다. 정리를 통해 자신의 비전에 가까운 것이 무엇인지, 항상 하고 싶었던 것이 무엇인지, 어떤 도전을 하고 싶은지가 보인다. 하지만 막상 그 길에 발을 내디디면 흥분되면서도 조금은 두려울 수 있다. 하고 싶은 일을 발견하고도 다른 사람들이 어떻게 생각할지 두려워서 물러서는 사람들이 많다.

나도 경험해봐서 그 심정을 잘 안다. 몇 년 전, 소셜미디어를 통해 내 아이디어를 더욱 많은 사람들과 공유해야겠다는 생각이 들었다. 하지만 막상 실천하려니 무서웠다. 내 생각과 생활 방식을 공개적인 매체에 올렸다가 비판을 받거나 혐오의 대상이 되는 건 아닐지 걱정스러웠다. 이런 탓에 오랫동안 소셜미디어 계정도 만들지 못했다. 그러다 일본에서 유명한 치료사 고코로야 진노스케를 찾아갔다. 그는 내 오랜 친구이자 우리 가족과 자주 어울리는 사이였다. 나는 이렇게 말했다.

"소셜미디어를 이용해 제 생각을 널리 알리고 싶어요. 그런데 다른 사람들한테 미움받고 공격당할까 봐 무서워서 엄두가 나지 않아요."

그러자 진노스케는 미소를 지으며 이렇게 대답했다.

"걱정할 거 없어요, 마리에. 지금도 당신을 싫어하는 사람들이 많잖아요?"

진노스케는 미움받을까 봐 두려워하는 모든 고객들에게 이렇게 말한다. 그의 이야기를 듣자 '그래, 진노스케의 말이 맞아' 하는 생각이 들었다. 나는 두려운 마음으로 온라인에서 내 이름을 검색해보았다. 그런데 내 공식 웹사이트와 블로그 다음으로 검색 순위가 가장 높은 것은 '우리는 왜 마리에 곤도를 싫어하는 가'라는 제목의 기사였다. 나는 이 검색 결과에 깜짝 놀랐지만, 덕분에 고맙게도 내 생각이 180도 달라졌다. 다른 사람들이 어떻게 생각할지 두려워 소셜미디어를 이용하지 않았는데, 더 이상 그럴 필요가 없었다. 소셜미디어를 이용하든 말든 나는 이미 비판을 받고 있었으니까.

그래서 잠시 시간을 내서 이렇게 자문해보았다.

'비난받는 게 두려워서 내게 손짓하는 그 길을 외면하는 게 정말로 나와 내 일에 도움이 되는가?'

대답은 당연히 '아니요'였다. 내 안의 목소리가 이렇게 소리쳤다.

'가능한 한 많은 이들에게 내 정리법을 소개해서 사람들이 더 행복한 삶을 살도록 돕고 싶어!'

나는 그 즉시 인스타그램을 비롯한 소셜미디어 계정을 만들었다. 그래서 어떻게 됐냐고? 우려한 만큼 많은 비난이 쏟아지지는 않았고, 소셜미디어를 시작하기로 한 나를 지지해주는 사람들이 늘어났다. 내가 올린 정보와 긍정적인 소식이 온라인 검색 순위 상위권에 오르기 시작했다. 걱정이 많았지만, 어쨌든 나는 첫발을 내디뎠다. 그때 그런 용기를 낼 수 있었다니, 얼마나 다행이었는지 모른다.

　세상에는 각기 다른 관점과 가치관을 지닌 사람들이 가득하다. 그런 만큼 모든 이의 사랑과 이해를 얻을 수는 없다. 누군가에게는 비판을 받기 마련이다. 무엇을 하든 아무리 점잖게 행동하든 오해받는 일은 생긴다. 그런데 비난받는 것이 두렵다는 이유로 아무런 울림도 주지 못하는 삶의 방식을 선택한다면 그 얼마나 안타까운 일인가?

　인생에서 단 한 번의 기회가 있다면 어느 쪽을 선택할 것인가? 다른 사람들의 평가를 두려워하며 살 것인가? 아니면 가슴이 시키는 대로 살 것인가?

—— 실패에서 빠르게
　　헤어 나오는 법

　인간의 마음은 두려움과 걱정, 과거의 실패, 다른 사람들의 비판으로 자주 어지러워진다. 살면서 대부분 부정적인 사건보다 긍정적인 사건을 더 많이 겪지만, 나쁜 일일수록 기억에 강하게 남아 정신 건강을 크게 해친다.[86] 게다가 자기비판은 자신감 부족을 부른다. 실패에만 집착하면, 자신의 단점에만 마음이 쏠려 계속 실패의 길을 걷기 쉽다.[87] 그리고 과거의 실패에 사로잡히다 보면 미래에도 실패할까 봐 걱정하다가 일과 생활의 균형을 잡기 힘들어지거나, 어떤 목표도 달성하기 어려워진다.

과거를 반추하는 데 정신적 에너지를 낭비하지 말자. 당신이 가진 것이나 당신이 하는 일을 남과 비교하지 말자. 지난주에 저지른 실수도 되새기지 말자. 부정적인 생각을 버리려면 먼저 종이에 써보자. 그 내용을 곰곰이 생각해보면서 거기서 핵심 교훈을 얻어낸다. 그러한 교훈을 거름으로 삼아 어떻게 성장할 수 있을지 생각해본다. 그러고 나서 그 종이를 분쇄하거나 태우거나 땅에 묻어서 처리하는 것도 좋은 방법이다. 그러면 그 종이와 함께 부정적인 생각도 사라진다. 나쁜 생각에서 교훈을 얻어 간직하고, 자기비판적인 생각은 과감히 버리자.

──── 지쳐버리지 않기 위해 반드시 필요한 것

'업무를 잘 정돈하는 사람' 하면 제일 먼저 나의 남편 다쿠미

가와하라가 생각난다. 그는 곤마리 미디어의 공동 창립자이자 CEO이고 제작자이기도 하다.

남편에게 '업무가 잘 정돈되어 있다'는 말은 항상 해야 할 일을 분명히 알고 있고 자신의 업무를 효율적으로 수행하며, 스트레스받지 않고 즐겁게 일한다는 뜻이다. 남편은 업무를 처리하는 시간을 정해두고 그 시간 동안 집중해서 일을 끝낸다. 또 중간에 끼어드는 일도 즉각 처리해서 다른 사람들에게 넘어가지 않게 한다. 일주일에 두 번은 운동을 하러 가고, 최신 서적과 영화를 섭렵한다. 그뿐 아니라 딸들과 놀아주고 집안일까지 하고도 휴식 시간을 가질 수 있다. 반면 나는 완전히 반대다. 책을 쓸 때는 종종 너무 지쳐버리고, 마감 시한에 쫓긴다.

남편의 일 처리 방식은 보기만 해도 탐이 났다. 대체 어떻게 하면 커다랗고 푹신푹신한 곰 인형처럼 집에서 뒹굴며 스마트폰을 들여다보면서도, 적절하게 업무를 처리해서 제시간에 끝낼 수 있는 걸까? 나는 남편에게 그 비결을 물어보았다. 그의 대답은 간단했다.

"솔직하게 자기 성찰하는 시간을 반드시 가지려고 해."

남편은 2주마다 1시간 정도 시간을 내서 자신이 왜 일을 하고 있는지, 무엇을 성취하고 싶어 하는지, 자신이 바라는 이상적인 업무 스타일은 무엇인지 생각한다. 그러한 성찰을 바탕으로 현재 하고 있는 모든 일의 우선순위를 정하고, 매일 아침 일을 시작하기 전에 10분 동안 오늘은 어떤 일을 처리할지 생각해보고 결정한다. 수정하고 개선할 부분이 있는지 자기 행동을 살펴보는 것도 중요하다는 것이다.

또 남편은 20%의 노력이 80%의 결과를 낳는다는 '80/20 법칙'을 따른다. 자신이 지금 하고 있는 일을 평가해 불필요하고 비생산적인 일은 제거하고 생산적인 영역에 집중한다. 예컨대 회의가 너무 많다 싶으면 한 달에 네 번에서 두 번으로 회의 횟수를 줄이거나, 60분에서 50분으로 회의 시간을 줄인다. 그렇게 해서 남는 시간과 에너지는 가장 생산적인 업무에 투자한다.

업무의 우선순위를 정할 뿐 아니라 시간을 함께 보내고 싶은 사람의 우선순위도 정한다. 그중 최우선순위는 앞에서 언급했다시피 자신의 내면을 들여다보며 성찰하는 것이다. 그다음 순위는 나와 아이들을 포함한 가족, 직원, 사업 파트너, 고객과 시간을 보내는 것이다. 가장 가까운 사람들과 원만한 관계를 맺어야 태도가 더욱 좋아지고, 소통에 오해가 줄어들며 생산성이 증가한다. 그리고 이 모든 것들이 한데 모여 고객에게 더 나은 서비스를 제공하게 해준다.

놀랍게도 남편이 이런 일 처리 방식을 확립한 것은 사업체를 운영하는 CEO가 된 이후가 아니라 다른 회사에서 사원으로 일할 때였다. 일찍부터 자신을 끊임없이 들여다보는 습관을 들였기 때문에 중요한 것에 집중하는 업무 스타일을 만들 수 있었던 것 같다. 나와 남편은 일이 쌓이고 업무량이 증가할 때마다, 혹은 생산성이 떨어진다 싶을 때마다 함께 성찰하는 시간을 갖는다. 이때 사용하는 방법이 다음과 같은 3단계 정리법이다.

1단계 : 현실 파악하기

큼직한 스케치북을 꺼내 옆으로 돌려놓고 맨 위에 수평선을 하나 긋는다. 그러고 나서 그 선을 세로로 12등분해서 달을 표시하고, 정해진 일정을 적어 넣는다. 예컨대 '3월 : 뉴욕 인터뷰', '5월 : 텔레비전 쇼 촬영', '8월 : 책 출판' 등을 써넣는 것이다. 그 아래 공간에는 하고 싶은 프로젝트에 관련된 아이디어를 적어놓고, 실행 시기는 정해두지 않는다. 이렇게 하면 현재 진행 중인 프로젝트와 예정된 프로젝트가 명확하게 한눈에 보인다.

2단계 : 프로젝트의 우선순위를 정하고 시기 결정하기

다음으로 각 프로젝트의 중요도 순위를 결정한다. 그 전에 나와 남편은 이런 질문을 던진다. 우리에게 영감을 주는 프로젝트 인가? 성장과 성과를 보장해주는 것인가? 반드시 해야 하는 것인가? 결정을 할 때는 목표 달성에 도움이 되는 것인지, '세상을 조직한다'는 우리의 철학을 실현해주는 것인지 생각해본다.

프로젝트의 우선순위를 정하면 곧바로 각 프로젝트에 얼마나 많은 시간을 투자할지 결정해 스케치북에 일정을 기록한다. 의미 있는 일에는 대부분의 에너지를 쏟아붓고, 무조건 해야 하는 일에는 최소한의 에너지를 할당하는 것이 기본 원칙이다.

모든 프로젝트는 스케치북에 적어놓고 나서 살펴본다. 출판 관련 업무에 너무 많은 시간이 할당되어 있거나 브랜드 인지도를 높이기 위해 조치를 취해야 할 때는 각 프로젝트와 업무에 할당된 시간을 조정한다.

3단계 : 프로젝트를 구체적인 업무로 세분화하기

앞의 두 단계는 모든 프로젝트의 우선순위를 정하고, 각 프로젝트 수행에 필요한 시간을 할당하면서 전체적인 그림을 그리는 과정이었다. 마지막 단계에서는 각 프로젝트를 보다 구체적인 업무로 세분해 구글 캘린더나 메모장에 기록한다. 다 끝낸 후에는 최종적으로 일정을 훑어본다. 우선순위가 낮게 매겨진 업무는 삭제하거나 다른 시간대로 옮긴다. 이렇게 해서 가장 의미 있고 보람 있는 업무만 남긴다.

이러한 업무 정리의 기본 원칙은 1년이 아니라 3년 동안 적용할 수 있다. 또 프로젝트 하나를 좀 더 상세하게 분석할 때도 사용할 수 있다. 나와 남편은 이렇게 업무를 정리하면서 일상적인 업무가 얼마나 의미 있는 것인지 깨달았다. 일상적인 업무는 의욕과 집중도를 높여준다. 우리 부부는 이를 통해 아무리 하찮은 업무라도 의미를 부여하면 의욕과 에너지가 솟아난다는 사실을 배웠다.

—— 지금의 모습은
당신이 선택한 것이다

세계 무대에서 활동하기 시작한 직후, 너무 바빠져서 깊이 생각할 시간도 거의 없었다. 그러다 보니 매니저이기도 한 남편에게 항상 불평만 하는 것 같았다. 일진이 좋은 날에는 이렇게 투덜거렸다.

"일정이 너무 빡빡해서 쉴 틈이 없어! 쉬지도 못하는데 어떻게 일을 잘할 수 있겠어?"

스트레스가 최고치까지 올라간 날에는 글로 옮기기도 부끄러운 말을 내뱉었다.

"내 직원들과 고객들만 행복해. 나만 빼고 모두가 다 행복한 것 같아! 사람들에게 정리가 주는 행복과 생산성이 얼마나 중요한지 이야기하고 있는데, 정작 나는 행복하지 않아."

내가 불만을 말할 때마다 남편은 이렇게 대답했다.

"마리에, 당신이 진심으로 하고 싶지 않은 일은 언제든 그만둘 수 있어. 인터뷰를 취소하고 싶으면 내가 연락해서 취소하고 사과할게. 조직에서 일하는 게 싫으면 회사를 접을 수도 있어."

남편의 어조는 중립적이고 차분했다. 비난이나 실망하는 기색을 조금도 내비치지 않았다. 날 압박하려 들지도 않았다. 나는 언제나 그의 이야기에 정신을 차렸다. 그 인터뷰는 좋은 기회라고 생각해서 열정적으로 수락한 것이었다. 미국에서 창업하는 것 역시 내가 한 선택이었다. 내가 정말 원한 일이었으니까. 그 모든 일은 곤마리 정리법을 널리 퍼뜨려 사람들의 인생에 도움을 주고 싶다는 이유로 내가 선택한 길 위에 놓여 있었다.

정리 레슨 도중 고객이 어떤 물건을 버리지 못할 때면, 나는 항상 자신 있게 그 물건을 간직하라고 충고한다. 보기만 해도 설레는 건 아니지만 너무 비싸서 버리지 못하는 지갑은 옷장 깊숙한 곳에 숨겨두지 말고, 행복감을 주는 가방과 나란히 늘어놓는 것이다. 그 지갑을 볼 때마다 부정적인 생각에 빠지기보다는 사랑스러운 시선으로 바라보며 그 자리에 있어줘서 고맙다고 말하는 것이다.

이런 태도로 뭔가를 간직하기로 했다면 그 선택은 자연스럽게 둘 중 한 가지 결과를 낳는다. 간직하기로 한 것이 제 역할을 다했음을 깨닫고 드디어 버릴 수 있게 되거나, 점점 더 좋아져서 나를 가장 설레게 하는 물건이 된다. 물리적 업무 공간을 정리할 때뿐 아니라 결정을 내릴 때도 마찬가지다. 갖고 싶은 것이라서 남기기로 했다면 그동안 고마웠다고 감사하고 버리거나 소중히 간직할 수 있다.

지금 매진하는 일과 생활은 과거에 우리가 한 선택의 결과다. 무슨 일이 일어나든 전부 우리가 내린 결정의 결과다. 의미 없는 일을 하고 있다면 지금 당신이 걷는 길이 과거에 선택한 길이라는 사실을 명심하자. 그러고 나서 다음에 무엇을 하고 싶은지 생각해본다. 무엇이든 버리기로 했다면 감사하는 마음으로 버리자. 계속 간직하기로 한 것은 자신 있게 간직하자. 어떤 결정이든 고심해서 내린 결정이라면 분명히 잠재력이 충만한 삶을 가져다줄 것이다.

—— 늘 하던 방식을
바꿔야 할 시점이 온다

직장에서 느끼는 행복감은 일과 생활의 균형을 보다 잘 맞춰 나가게 이끌어주는 길잡이와 같다. 그리고 정돈된 업무 공간이 충만한 행복을 더해줄 수 있다. 정리를 통해 절약한 시간과 정신적 에너지를 이용해 더욱 중요한 일에 몰두하라. 정말 중요한 일, 반드시 해야 할 책무 외에는 모두 버려라. 가슴 뛰게 만드는 활동에 자원해서 좀 더 의미 있는 프로젝트를 수행하라. 당신에게 영감과 아이디어를 주는 동료와 더욱 많은 시간을 보내고, 그렇지 않은 동료는 피하려고 최선을 다하라.

이러한 노력을 기울였는데도 성과와 잠재력이 솟아나는 것을 느낄 수 없다면, 좀 더 실질적인 변화가 필요할지도 모른다. 일은 의미 있지만 조직이 그렇지 않다면 새로운 직장을 찾아본다. 동료가 당신의 잠재력을 북돋아주지만, 당신의 직위가 그렇지 않다면 같은 조직 내에서 대안이 있는지 알아본다. 현재 선택한 직업에서 발휘할 수 있는 잠재력이 바닥난 것 같다면 새로운 일을 찾아볼 수도 있다. 물론 그렇다고 섣부른 결정을 내리는 것은 금물이다. 보통은 당신이 지금 일하는 곳에서도 잠재력과 깨닫지 못한 능력을 찾을 수 있다.

현 상태에 머물든 새로운 곳으로 떠나든 "이게 내가 항상 일하던 방식이야"라는 식으로 과거에 집착해서는 안 된다. 아니면 "이 일을 하지 않으면 뭘 할 수 있겠어?"라고 미래를 두려워해서도 안 된다. 늘 해오던 방식이 편하게 느껴질지도 모른다. 하지만 더 이상 어떤 기대감도 느껴지지 않는다면 당장 조치를 취해야 한다. 당신이 바라는 일과 생활의 균형을 어떻게 맞춰나갈지 좀 더 날카롭게 의식하면서 올바른 우선순위를 정해 다음 일을 선택해야 한다.

—— '워라밸'이 필요한 순간의 일 정리법

아이가 태어나면서 우리 부부의 삶은 완전히 달라졌다. 첫딸이 태어나기 전 내가 꿈꾸는 일상은 이랬다. 아침에 상쾌한 기분으로 깨어나 옷을 갈아입고, 아이들이 일어나기 전에 아침 식사를 준비해놓는다. 하루 업무를 빠르게 끝낸 덕분에 아이들과 충분히 놀아줄 수 있다. 저녁에는 사랑과 애정을 몽땅 쏟아부어 만든 맛있는 음식으로 가족과 함께 저녁 식사를 즐긴다. 잠자기 전에는 요가를 하고 휴식을 취해 기분 좋게 나른한 상태로 잠든다. 물론 우리 집은 언제나 깔끔하게 정돈되어 있다!

인생은 쉽지 않은 법이다. 아이를 낳자마자 시간도, 감정적 여유도 사라졌다. 내 기대와 열망은 잠자리에 들기 전에 이를 닦을 수만 있고, 아이들이 살아 있다는 사실에 안도할 수만 있다면 만족하는 수준으로 하락했다. 아이들은 예상보다 일찍 일어나기 일쑤여서 나는 잠을 충분히 자지 못했다. 항상 피곤했고 집중력이 크게 떨어졌다. 업무나 집안일을 제시간에 끝낼 수 없었다. 집을 깔끔하게 정리하려고 애썼지만, 아이들이 소금을 바닥에 쏟거나 서랍장을 열어 구획별로 깔끔하게 정돈한 필기도구를 엉망으로 어질러놓았다. 아무리 정리를 해도 집 안은 순식간에 지저분해졌다.

한번은 딸아이들에게 옷 개는 법을 가르쳐주었다. 그러자 아이들은 내가 서랍장에 단정하게 개어 넣어둔 옷을 모두 꺼내 다시 '개어' 넣어두었다. 자기들 눈에는 완벽해 보였겠지만 내게는 전혀 아니었다! 아이들은 그냥 직접 옷을 개어보고 싶었던 게 분명했다. 당시에 나는 가볍게 웃고 넘어갈 여유가 없어서 아이들을 호되게 야단쳤다. 그러고는 나중에 인내하지 못한 나 자신을 속으로 나무랐다. 이런 상황에서는 그 어떤 만족감도, 성취감도 느낄 수 없었다. 아이들이 학교에 갈 나이가 되어서야 상황이 나아졌다.

갓난아기를 키우는 일은 진짜 힘들다. 하지만 그 과정에서 귀중한 교훈을 얻었다. 아이들이 어릴 때는 완벽한 정리를 목표로 삼지 말라는 것이다. 그럼에도 나의 개인적인 공간 몇 곳은 깔끔하게 정리할 수 있었다. 예를 들어 사무실 책상 서랍은 정리할 수 있었다. 아이가 있는 가정에서는 일상생활의 많은 부분을 통제하기가 어렵다. 그렇기 때문에 자신이 통제할 수 있는 공간을 정돈하는 것이 중요하다. 단 한 곳이라도 좋으니 정리를 통해 영감을 주는 장소를 만들어놓으면 기분이 완전히 달라진다.

아이를 키우면서 버거워하는 부모들은 어디에서나 흔히 볼 수 있다. 나는 일하는 부모들에게 조언을 해달라는 편지를 자주 받는다. 특히 "일과 생활의 균형을 잘 맞추려면 어떻게 해야 할까요?"라는 질문이 가장 많다. 이런 질문을 받을 때마다 항상 "당신이 바라는 이상적인 일과 생활의 균형을 그려보세요"라고 조언한다.

앞에서도 언급했듯 아이를 갖자마자 일과 생활의 균형이 급격하게 깨졌다. 아이들에게 더욱 많은 시간과 에너지를 쏟아부어야 했기 때문에 오랜 시간 일하는 게 불가능했다. 더 이상은 예전의 생활 방식을 유지할 수 없었기에 일과 생활을 어떻게 끌고 가야 행복해질지 남편과 의논해보았다. 우리는 자신과 가족을 위한 시간을 우선시하기로 한 다음, 업무 일정을 잡아나갔다.

그러자 전보다 훨씬 많은 프로젝트를 거절할 수밖에 없었다. 우리에게 기회를 준 사람들에게 감사하고, 적절한 시기에 함께 일할 수 있기를 바란다고 전하며 정중히 거절했다. 덕분에 에너지를 재충전할 수 있었고, 결과적으로 보다 효율적으로 업무를 처리할 수 있었다. 1시간 내에 몇 가지 구체적인 업무를 완수하겠다는 목표를 설정해놓으면 제한된 시간에 좀 더 집중해서 일할 수 있고, 더 짧은 시간에 결과를 이끌어낼 수 있었다.

일과 생활의 균형을 찾는 나만의 방법은 정리법과 동일하다. 먼저 이상적인 일과 생활의 균형을 그려본다. 그러고 나서 가장 의미 있는 것을 찾아 소중히 간직하고, 그렇지 않은 것은 과감히 치워버린다. 현재 당신의 일과 생활의 균형이 어딘지 모르게 어그러진 것 같은가? 그렇다면 스스로에게 완벽한 일과 생활의 균형은 어떤 상태인지 자문해보고, 자신이 선호하는 시간 활용 방식을 재점검해보자.

—— 정리하는 습관이
   강력한 에너지를 만든다

"제 직업은 사회적 영향력이 전혀 없는 일이에요. 전 그냥 돈을 벌려고 일하는 거예요. 성취감 있는 일이니 뭐니 하는 건 저와 상관없는 말이에요."

고객 중 한 명은 이렇게 말했다. 이 책을 읽는 독자 중에도 이렇게 생각하는 사람들이 있을지도 모르겠다. 하지만 나는 누구나 의미 있는 직장 생활을 누릴 수 있다고 확신한다.

어릴 적 전업주부이던 엄마에게 이렇게 물어본 적이 있었다.

"엄마는 집안일을 할 때 항상 즐거워 보이는데, 왜 그래?"

그러자 엄마는 미소 지으며 이렇게 대답했다.

"집안일은 진짜 중요한 일이거든. 엄마가 요리를 하고 집을 정리하기 때문에 아빠가 열심히 일할 수 있고, 너는 학교에 다니고 건강하게 자랄 수 있는 거야. 엄마가 사회에 아주 큰 도움을 주는 일을 하고 있는 것 같지 않니? 그래서 엄마가 집안일을 좋아하는 거야!"

엄마 말을 듣고서야 주부가 얼마나 훌륭한 일을 하는 사람인지 깨달았다. 사람들이 다양한 방법으로 사회에 기여한다는 사실도 배웠다.

정리를 하다 보면, 모든 것이 저마다 일상생활에서 어떤 중요한 역할을 하고 있는지 깨닫게 된다. 스크루드라이버 하나만 있어서는 안 된다. 아무리 작더라도 나사못이 필요하다. 이처럼 아무리 하찮아 보이는 것도 다 제 역할이 있고, 다른 것들과 조화를 이루어 삶을 지탱해준다.

일도 마찬가지다. 반드시 굉장한 일을 해야 하는 것은 아니다. 당신의 일을 자세히 살펴보자. 회사에 어떤 기여를 하는가? 사회에는 어떤 기여를 하는가? 일상적 업무에서 의미를 찾으면 당신의 일이 가치 있고 설레는 일이 된다. 자신의 일을 어떻게 생각하느냐가 실제로 어떤 일을 하느냐보다 훨씬 더 중요하다.

일하면서 스트레스를 받고 짜증을 내는 대신, 행복을 느끼며 좋은 에너지를 발산한다면 주변 사람들에게 긍정적인 영향을 미칠 수 있다. 이런 사람들이 늘어날수록 긍정적인 에너지가 더욱 널리 퍼져나가 세상을 바꾼다. 당신이 직장에서 최고의 에너지를 발산하는 것 자체가 사회에 기여하는 일이다.

지금 당신의 일을 즐기고 있는가? 진심으로 바라는 직장 생활은 어떤 것인가? 다시 한번 강조하지만 정리는 최고의 성과를 맛볼 수 있는 가장 효과적인 해결책이다. 이 책에서 소개한 대로 너저분한 책상부터 비효율적인 시간과 불필요한 네트워크, 필요 없는 회의와 결정에 이르기까지 당신의 일을 둘러싼 모든 것을 정리해보기 바란다. 일단 정리를 하고 나면 당신이 좋아하는 일, 좀 더 중요한 일에 더욱 많은 시간과 에너지를 쏟을 수 있다. 그렇게 매일의 일 처리가 달라지면 어느새 당신의 삶도 달라져 있을 것이다.

마리에가 전하는 감사의 말

나를 인터뷰하는 기자들은 종종 이렇게 말한다.

"마리에 씨의 인생에는 설레는 것만 있을 것 같아요."

사실 항상 그렇지는 않았다. 그럼에도 그 진실을 몇 년 동안이나 밝힐 수 없었다.『곤도 마리에 정리의 힘』은 2010년 일본에서 처음 출간됐다. 당시 20대였던 나는 정리를 통해 설레는 삶을 만들자고 말하고 다니는 만큼, 나 자신부터 항상 긍정적인 에너지가 가득한 삶을 살아야 한다고 생각했다. 내가 꿈꾸는 이상적인 직장 생활은 짜증 나고 하기 싫은 일은 모두 그만두고 삶을 더욱 행복하게 만드는 일만 하는 것이었다. 즉 일을 할 때는 매 순간 재미있어야 한다고 생각했다.

내 책을 쓰고 홍보할 때는 진짜 즐거웠다. 언론 매체의 인터뷰에 응하고, 대규모 관중 앞에서 강연하는 것은 흥미로운 일이었다. 책 판매량이 매일 증가하는 것을 보면 마음이 한껏 들떴다. 책 판매량은 계속 증가해서 100만 부를 넘어서더니 1,000만 부까지 치솟았다. 곤마리 정리법이 다른 나라에까지 퍼져나갔고, 내 이름이 《타임》지가 선정한 '영향력 있는 100인'에 올랐다.

마침내 미국으로 가서 활동을 시작했다. 190개국에 방영되는 넷플릭스 시리즈에 출연했고, 아카데미상 시상식과 에미상 시상식에서 레드 카펫 위를 걷기도 했다. 그런데 인맥이 넓어지고, 내 의지와 능력으로는 감당하기 힘들 정도로 일이 많아지면서 스트레스와 부담감도 치솟았다. 결국 더 이상 일이 내게 아무런 감흥을 주지 못하는 지경에 이르렀다.

다행히 그러한 상황을 다루는 법을 점차 익혀나가면서 지금은 세인의 이목에 노출되어도 훨씬 편안하게 지낼 수 있게 되었다. 물론 이 자리에 이르기까지 많은 어려움을 극복해야 했다. 다른 사람들과의 까다로운 관계를 순조롭게 풀어내고, 이상과 현실의 괴리를 메워나갔다. 그리고 이 책을 쓰면서 지금까지 걸어온 길을 되돌아볼 수 있었다. 그동안 겪은 우여곡절과 내가 저지른 실수를 되짚어보고, 일이란 가족을 부양하거나 사회에 기여하는 방법일 뿐 아니라 나의 성장과 발전의 수단이라는 사실을 되새겼다.

지난 10년 동안 다른 사람들과 함께 일하는 것이 얼마나 가치 있는지 더욱 확실히 깨달을 수 있었다. 예전에는 성공이란 나 혼자 성취하는 것이라고 생각했다. 하지만 지금은 이전보다 나를 낮출 줄 알고, 놀랍도록 훌륭한 내 조력자들에게 감사를 표한다. 일본과 미국에서 일하는 회사 직원들과 다양한 프로젝트를 함께하는 사업 파트너, 전 세계에서 활발하게 활동하는 곤마리 컨설턴트, 우리의 철학을 받아들여준 곤마리 정리법 팬에게 고마운 마음을 전한다. 조금 늦기는 했지만, 직장에서 이룬 성취가 축적된 노력과 다른 사람들과의 협력을 바탕으로 이루어진다는 사실을 배워가고 있다.

나의 비전은 전 세계에서 가능한 한 많은 사람들이 정리를 통해 자신의 일과 삶을 바꿔나가도록 돕는 것이다. 달성 불가능한 목표처럼 들릴지도 모르지만, 해낼 수 있다고 확신한다. 내가 지난 20년 동안 정리의 어려움을 해소하기 위해 곤마리 정리법을 개발한 것처럼, 이 비전을 차츰차츰 실현해나가기 위해 노력할 것이다. 이 책은 그 꿈의 실현을 향해 나아가는 큰 발자국이 될 것이다.

나와 함께 이 책을 쓴 스콧과 편집자 트레이시(Tracy), 에이전트 닐(Neil)뿐 아니라 자신의 정리 경험을 나눠준 많은 고객들, 직업적으로나 개인적으로나 아낌없이 나를 지지해준 남편, 마지막으로 내 가족을 포함한 모든 사람들에게 진심으로 감사한다. 이 책을 집어 든 사람들이 마음속에 간직해온 가장 이상적인 직장 생활을 만끽할 수 있기를 바란다. 스콧과 내가 이 책에서 소개하는 방법들이 독자에게 도움이 된다면 더없이 행복할 것이다.

마리에가 전하는 감사의 말

스콧이 전하는 감사의 말

많은 시간과 에너지를 쏟아부어 완성한 이 책은 성장의 원천이 될 수 있다. 아니, 반드시 그래야 한다. 이 책에서 소개한 연구 결과와 이야기, 지침을 거름 삼아 당신이 어떤 직장 생활과 인생을 누려야 할지 깨닫기 바란다.

마리에가 내게 처음으로 다가와 내 배경에 대해 알고 싶어 했을 때, 나는 그녀와 협력해서 이 책을 쓸 거라고는 상상조차 하지 못했다. 이 책을 통해 많은 사람들이 자신의 일에서 보다 더 큰 행복과 의미, 통제력, 그리고 분별력을 얻을 수 있도록 돕게 되리라고는 생각도 못했다. 거의 20년 동안 각종 연구와 조사를 통해 생산성을 더욱 높이는 법을 가르쳤던 내게, 이 책의 출간은 마치 꿈을 실현한 듯한 느낌을 준다. 이 여정을 나와 함께 해준 마리에게 진심으로 감사한다.

나를 도와준 많은 사람들, 그리고 내 아내 란디(Randi)에게도 고맙다고 전하고 싶다. 아내는 특유의 지혜와 조언으로 내가 쓰는 단어 하나하나를 보다 근사하게 다듬어주었다. 아내의 지지와 격려가 없었다면 이 책을 끝내지 못했을 뿐만 아니라 즐기지도 못했을 것이다. 아내와 경험을 나누면서 우리는 더욱 가까워졌다. 그것은 이 책보다 훨씬 더 큰 선물이다.

훌륭한 연구 조교 앰버 심지크(Amber Szymczyk)와 제시카 이(Jessica Yi)는 인터뷰에 적합한 사람들을 선정하고 설득력 있는 실례를 찾아주었으며, 실험을 중재해주었다. 유용한 연구 자료를 부각해준 크리스텐 슈와츠(Kristen Schwartz)와 디지털 정리에 관한 피드백을 제공해준 데렌 바켄(Derren Barken)에게도 감사를 전한다.

어떤 책을 쓰든 지지자가 필요한 법이다. 나의 에이전트 리처드 파인(Richard Pine)이 그 역할을 능숙하게 해냈다. 파인은 아낌없는 조언으로 내 아이디어와 편집 내용을 더욱 명확하게 다듬어주었을 뿐만 아니라, 견실한 판단력과 정확한 조언으로 이 책을 끝마칠 수 있게 도와주었다.

또 트레이시 베하르(Tracy Behar)와 제스 천(Jess Chun), 줄스 호바

체브스키(Jules Horbachevsky), 사브리나 칼라한(Sabrina Callahan), 로렌 헤세(Lauren Hesse), 이안 스트라우스(Ian Straus)를 포함한 리틀 브라운 스파크(Litte, Brown Spark) 팀에게도 깊은 감사를 전한다. 트레이시의 날카로운 편집 능력과 끈질긴 인내력이 이 책에 녹아든 덕분에 결승선을 통과할 수 있었다.

나는 운 좋게도 라이스대학교 동료들의 지지를 얻어냈다. 미키 헤블(Mikki Hebl)과 클라우디아 콜커(Claudia Kolker)는 전체 원고에 대한 귀중한 의견을 제시해주었고, 존 마일스(Jon Miles)는 팀 정리에 관한 뛰어난 통찰력을 제공해주었다.

경영대 교직원들의 지지에도 감사의 말을 표한다. 특히 케서린 클라크(Kathleen Clark)와 케빈 팔머(Kevin Palmer), 위지 맥키(Weezie Mackey)를 비롯한 마케팅 팀 전체와 피터 로드리구에즈(Peter Rodriguez) 학장에게 감사한다. 소셜미디어 분야에서 도움을 준 로렐 스미스(Laurel Smith)와 사니아 바르가브(Saanya Bhargave), 홍보를 도와준 제프 폴크(Jeff Falk)에게도 특별히 감사를 전한다. 이처럼 놀라운 동료들이 내 곁에 있다는 것보다 더 설레는 일은 없다.

주석

1장 | 지금 당신에게는 '정리'가 필요합니다

1   OfficeMax (2011). 2011 Workspace Organization Survey. http://multivu. prnewswire.com/mnr/officemax/46659/docs/46659-NewsWorthy_Analysis. pdf(accessed 10/11/17).

2   Saxbe, D. E., & Repetti, R. (2010). No place like home: Home tours correlate with daily patterns of mood and cortisol. Personality and Social Psychology Bulletin 36(1), 71-81.

3   Kastner, S., & Ungerleider, L. G. (2000). Mechanisms of visual attention in the human cortex. Annual Review of Neuroscience 23, 315-41.

4   Brother International (2010). White paper: The Costs Associated with Disorganization. http://www.brother-usa.com/ptouch/meansbusiness/ (accessed 10/9/17).

5   Morrow, P. C., & McElroy, J. C. (1981). Interior office design and visitor response: A constructive replication, Journal of Applied Psychology 66(5), 646–50; Campbell, D. E. (1979). Interior office design and visitor response. Journal of Applied Psychology 64(6), 648-53.

6   Vohs, K. D., Redden, J. P., & Rahinel, R. (2013). Physical order produces healthy choices, generosity, and conventionality, whereas disorder produces creativity.

Psychological Science 24(9), 1860-67.

7   Kastner, S., & Ungerleider, L. G. (2000). Mechanisms of visual attention in the human cortex. Annual Review of Neuroscience 23, 315-41.

8   Belk, R., Yong Seo, J., & Li, E. (2007). Dirty little secret: Home chaos and professional organizers. Consumption Markets & Culture 10, 133-40.

9   Raines, A. M., Oglesby, M. E., Unruh, A. S., Capron, D. W., & Schmidt, N. B. (2014). Perceived control: A general psychological vulnerability factor for hoarding. Personality and Individual Differences 56, 175-79.

10   Workfront (2017-2018). The State of Enterprise Work Report: U.S. Edition. https://resources.workfront.com/ebooks-whitepapers/2017-2018-state-of-enterprise-work-report-u-s-edition (accessed 10/11/17).

11   Deal, J. J. (2015). White paper: Always On, Never Done? Don't Blame the Smartphone. Center for Creative Leadership.

12   https://www.centrify.com/resources/5778-centrify-password-survey-summary/ (accessed 05/04/18).

13   Erwin, J. (2014, May 29). Email overload is costing you billions-Here's how to crush it. Forbes.

14   Perlow, L. A., Hadley, C. N., & Eun, E. (2017, July-Aug). Stop the meeting madness. Harvard Business Review. https://hbr.org/2017/07/stop-the-meeting-madness.

15   https://en.blog.doodle.com/state-of-meeting-2019 (retrieved 12/08/19).

2장 | 누구나 할 수 있다, 한 번에 완벽하게 빠르게

16   Averill, J. R. (1980). On the paucity of positive emotions. In Blankstein, K. R., Pliner, P., Polivy, J. (Eds.), Assessment and Modification of Emotional Behavior. Advances in the Study of Communication and Affect, vol. 6. Springer, Boston, MA.

3장 | 성과를 끌어올리는 가장 간단한 기술_ 업무 공간 정리하기

17   Winterich, K. P., Reczek, R. W., & Irwin, Julie R. (2017). Keeping the memory but not the possession: Memory preservation mitigates identity loss from

product disposition. Journal of Marketing 81(5), 104-20.

4장 | 나를 산만하게 하는 것들을 끊어내는 법_ 디지털 데이터 정리하기

18 Bergman, O., Whittaker, S., Sanderson, M., Nachmias, R., & Ramamoorthy, A. (2010). The effect of folder structure on personal file navigation. Journal of the American Society for Information Science and Technology 61(12), 2426-41.

19 Dewey, C. (2016, October 3). How many hours of your life have you wasted on work email? Try our depressing calculator. Washington Post.

20 Workfront (2017-2018). The State of Enterprise Work Report: U.S. Edition. https://resources.workfront.com/ebooks-whitepapers/2017-2018-state-of-enterprise-work-report-u-s-edition (accessed 10/11/17).

21 Mark, G., Iqbal, S. T., Czerwinski, M., Johns, P., Sano, A., & Lutchyn, Y. (2016, May). Email duration, batching and self-interruption: Patterns of email use on productivity and stress. In Proceedings of the 2016 CHI Conference on Human Factors in Computing Systems (171-28). New York: ACM Press.

22 Whittaker, S., and Sidner, C. (1996). Email overload: Exploring personal information management of email. Proceedings of CHI '96, ACM Press, 276-83.

23 Iqbal, S. T. and Horvitz, E. (2007). Disruption and recovery of computing tasks: Field study, analysis, and directions. In Proceedings of the SIGCHI Conference on Human Factors in Computing Systems. New York: Association for Computing Machinery.

24 Bälter, O. (2000). Keystroke level analysis of email message organization. In Proceedings of the CHI 2000 Conference on Human Factors in Computing Systems. New York: ACM Press.

25 Ibid., 105-12.

26 Andrews, S., Ellis, D. A., Shaw, H., & Piwek, L. (2015). Beyond self-report: Tools to compare estimated and real-world smartphone use. PloS One 10(10), e0139004.

27 Ward, A. F., Duke, K., Gneezy, A., & Bos, M. W. (2017). Brain drain: The mere presence of one's own smartphone reduces available cognitive capacity. Journal of the Association for Consumer Research 2(2), 140-54.

28 Glass, A. L. & Kang, M. (2018). Dividing attention in the classroom reduces

exam performance. Educational Psychology, 39(3): 395-408.

29 https://www.bankmycell.com/blog/cell-phone-usage-in-toilet-survey#jump1
    (accessed 6/11/2019).

5장 | 잡동사니 활동이 하루를 망치고 있다면_ 시간 정리하기

30 Workfront(2017–2018). The State of Enterprise Work Report: U.S. Edition.
    https://resources.workfront.com/ebooks-whitepapers/2017-2018-state-of-
    enterprise-work-report-u-s-edition (accessed 10/11/17).

31 Hsee, C. K., Zhang, J., Cai, C. F., & Zhang, S. (2013). Overearning.
    Psychological Science 24(6), 852-59.

32 Mintzberg, H. (1973). The Nature of Managerial Work. New York: Harper and
    Row.

33 Guest, R. H. (1956). Of time and the foreman. Personnel 32, 478–86.

34 Stewart, R. (1967). Managers and Their Jobs. London: Macmillan.

35 ABC News.Study: U.S. Workers Burned Out. http://abcnews.go.com/US/
    story?id=93295&page=1 (accessed 10/11/2017).

36 Zhu, M., Yang, Y., & Hsee, C. K. (2018, October). The mere urgency effect.
    Journal of Consumer Research 45(3), 673-90.

37 http://www.apa.org/research/action/multitask.aspx (accessed 8/8/18).

38 Mark, G., Iqbal, S. T., Czerwinski, M., Johns, P., & Sano, A. (2016, May).
    Neurotics can't focus: An in situ study of online multitasking in the workplace.
    In Proceedings of the 2016 CHI Conference on Human Factors in Computing
    Systems (1739-44). New York: ACM Press.

39 Ophir, E., Nass, C., & Wagner, A. D. (2009). Cognitive control in media
    multitaskers. Proceedings of the National Academy of Sciences of the United
    States of America 106(37), 15583-87.

40 Rubinstein, J. S., Meyer, D. E., & Evans, J. E. (2001). Executive control of
    cognitive processes in task switching. Journal of Experimental Psychology:
    Human Perception and Performance 27(4), 763.

41 Sanbonmatsu, D. M., Strayer, D. L., Medeiros-Ward, N., & Watson, J. M. (2013).
    Who multi-tasks and why? Multi-tasking ability, perceived multi-tasking
    ability, impulsivity, and sensation seeking. PloS One 8(1), e54402.

42 Mangen, A. (2017). Textual reading on paper and screens. In A. Black, P. Luna, O. Lund, & S. Walker (Eds.), Information Design: Research and Practice (275-89). New York: Routledge.

43 O'Brien, Katharine Ridgway. "Just Saying 'No': An Examination of Gender Differences in the Ability to Decline Requests in the Workplace." PhD diss., Rice University, 2014. https://hdl.handle.net/1911/77421 (accessed 12/11/19).

44 Wrzesniewski, A., & Dutton, J. E. (2001). Crafting a job: Revisioning employees as active crafters of their work. Academy of Management Review 26(2), 179-201.

45 Jett, Q. R., & George, J. M. (2003). Work interrupted: A closer look at the role of interruptions in organizational life. Academy of Management Review 28(3), 494-507.

46 Csikszentmihalyi, M., & Sawyer, K. (1995). Creative insight: The social dimension of a solitary moment. In R. J. Sternberg & J. E. Davidson (Eds.), The Nature of Insight (pp. 329-63). Cambridge, MA: MIT Press.

47 Elsbach, K. D., & Hargadon, A. B. (2006). Enhancing creativity through "mindless" work: A framework of workday design. Organization Science 17(4), 470-83.

6장 | 그럭저럭 괜찮으면 괜찮은 결정이다_ 결정 정리하기

48 https://go.roberts.edu/leadingedge/the-great-choices-of-strategic-leaders (accessed 8/22/18).

49 https://www.ted.com/talks/sheena_iyengar_choosing_what_to_choose/transcript(retrieved 8/22/18).

50 https://www.entrepreneur.com/article/244395 (accessed 9/7/18).

51 Iyengar, S. S., & Lepper, M. R. (2000). When choice is demotivating: Can one desire too much of a good thing? Journal of Personality and Social Psychology 79(6), 995-1006.

52 Scheibehenne, B., Greifeneder, R., & Todd, P. M. (2010). Can there ever be too many options? A meta-analytic review of choice overload. Journal of Consumer Research 37(3), 409-25.

53 Chernev, A. (2003). Product assortment and individual decision processes.

Journal of Personality and Social Psychology 85(1), 151-62.

54 Staw, B. M. (1981). The escalation of commitment to a course of action. Academy of Management Review 6(4), 577-87.

7장 | 양보다 '질'이 필요한 순간_ 관계 정리하기

55 Roberts, G. B., Dunbar, R. M., Pollet, T. V., & Kuppens, T. (2009). Exploring variation in active network size: Constraints and ego characteristics, Social Networks 31(2),138-46.

56 Hill, R. A. & Dunbar, R. I. (2003). Social network size in humans. Human Nature 14,53-72.

57 https://arxiv.org/abs/0812.1045 (accessed 8/28/18).

58 Kross, E., Verduyn, P., Demiralp, E., et al. (2013, August 14). Facebook use predicts declines in subjective well-being in young adults. PLoS One, 8(8): e69841; Lee, S. Y. (2014, March). How do people compare themselves with others on social network sites?: The case of Facebook. Computers in Human Behavior 32, 253-60.

59 Stephens, J. P., Heaphy, E., & Dutton, J. E. (2011). High-quality connections. In The Oxford Handbook of Positive Organizational Scholarship (385-99); Dutton, J. E. (2006). Energize Your Workplace: How to Create and Sustain High-Quality Connections at Work. John Wiley & Sons.

60 Dutton, J. E. (2014). Build high-quality connections. In Dutton, J. E., & Spreitzer, G. M. (Eds.), How to Be a Positive Leader: Small Actions, Big Impact (pp.11-21). San Francisco: Berrett-Koehler Publishers.

61 Mainemelis, C., & Ronson, S. (2006). Ideas are born in fields of play: Towards a theory of play and creativity in organizational settings. Research in Organizational Behavior 27, 81-131.

8장 | 잘 굴러가는 회의는 모두를 춤추게 한다_ 회의 정리하기

62 Rogelberg, S. G., Allen, J. A., Shanock, L., Scott, C. & Shuffler, M. (2010). Employee satisfaction with meetings: A contemporary facet of job satisfaction. Human Resource Management 49(2), 149-72.

63 Workfront (2017-2018). The State of Enterprise Work Report: U.S. Edition. https://resources.workfront.com/ebooks-whitepapers/2017-2018-state-of-enterprise-work-report-u-s-edition (accessed 10/11/17)

64 Lehmann-Willenbrock, N., Allen, J. A., & Belyeu, D. (2016). Our love/hate relationship with meetings: Relating good and bad meeting behaviors to meeting outcomes, engagement, and exhaustion. Management Research Review 39(10), 1293-1312.

65 Langer, E. J., Blank, A., & Chanowitz, B. (1978). The mindlessness of ostensibly thoughtful action: The role of "placebic" information in interpersonal interaction. Journal of Personality and Social Psychology 36(6), 635-42.

66 Tamir, D. I., & Mitchell, J. P. (2012). Disclosing information about the self is intrinsically rewarding. Proceedings of the National Academy of Sciences 109(21), 8038-43.

67 Kauffeld, S., & Lehmann-Willenbrock, N. (2012). Meetings matter: Effects of team meetings on team and organizational success. Small Group Research 43(2), 130-58.

68 Smith, K. G., Smith, K. A., Olian, J. D., Sims Jr, H. P., O'Bannon, D. P., & Scully, J. A. (1994). Top management team demography and process: The role of social integration and communication. Administrative Science Quarterly 39(3), 412-38.

69 Karr-Wisniewski, P., & Lu, Y. (2010). When more is too much: Operationalizing technology overload and exploring its impact on knowledge worker productivity. Computers in Human Behavior 26, 1061-72.

70 Kerr, N. L., & Tindale, R. S. (2004). Group performance and decision making. Annual Review of Psychology 55, 623-55.

71 Luong, A., & Rogelberg, S. G. (2005). Meetings and more meetings: The relationship between meeting load and the daily well-being of employees. Group Dynamics: Theory, Research, and Practice 9(1), 58-67.

72 Knight, A. P., & Baer, M. (2014). Get up, stand up: The effects of a non-sedentary workspace on information elaboration and group performance. Social Psychological and Personality Science 5(8), 910-17.

73 Taparia, N. (2014, June 19). Kick the chair: How standing cut our meeting times by 25%. Forbes.

9장 | 최고의 팀으로 거듭나는 가장 간단한 비결_ 팀 정리하기

74 Wrzesniewski, A., & Dutton, J. E. (2001). Crafting a job: Revisioning employees as active crafters of their work. Academy of Management Review 26(2), 179-201.

75 Harvey, S., Kelloway, E. K., & Duncan-Leiper, L. (2003). Trust in management as a buffer of the relationships between overload and strain. Journal of Occupational Health Psychology 8(4), 306.

76 Dirks, K. T. (1999). The effects of interpersonal trust on work group performance. Journal of Applied Psychology 84(3), 445-55.

77 Gigone, D., & Hastie, R. (1993). The common knowledge effect: Information sharing and group judgment. Journal of Personality and Social Psychology 65(5), 959-74.

78 Stasser, G., & Titus, W. (1985). Pooling of unshared information in group decision making: Biased information sampling during discussion. Journal of Personality and Social Psychology 48(6), 1467-78.

79 VanGundy, A. B. (1984). Brainwriting for new product ideas: An alternative to brainstorming. Journal of Consumer Marketing 1(2), 67-74.

80 Simons, T. L., & Peterson, R. S. (2000). Task conflict and relationship conflict in top management teams: The pivotal role of intragroup trust. Journal of Applied Psychology 85(1), 102-11.

81 Weingart, L. R., Brett, J. M., Olekalns, M., & Smith, P. L. (2007). Conflicting social motives in negotiating groups. Journal of Personality and Social Psychology 93(6), 994-1010.

82 Hackman, J. R., & Vidmar, N. (1970). Effects of size and task type on group performance and member reactions. Sociometry, 37-54; Hackman, J. R. (2002). Leading Teams: Setting the Stage for Great Performances. Harvard Business Press.

10장 | 정리의 즐거움을 전염시켜라_ 정리의 마법 공유하기

83 Ramos, J. & Torgler, B. (2012). Are academics messy? Testing the broken windows theory with a field experiment in the work environment. Review of Law and Economics 8(3), 563-77.

84 https://greatergood.berkeley.edu /images/uploads/GratitudeFullResults_
    FINAL1pdf.pdf (accessed 6/7/19).

85 Fehr, R., Zheng, X., Jiwen Song, L., Guo, Y., & Ni, D. (2019). Thanks for
    everything: A quasi-experimental field study of expressing and receiving
    gratitude. Working paper.

11장 | 정말 중요한 것에 집중하는 삶을 위하여

86 Baumeister, R. F., Bratslavsky, E., Finkenauer, C., & Vohs, K. D. (2001). Bad is
    stronger than good. Review of General Psychology 5(4), 323-70.

87 Stoeber, J., Hutchfield, J., & Wood, K. V. (2007). Perfectionism, self-efficacy,
    and aspiration level: Differential effects of perfectionistic striving and self-
    criticism after success and failure. Personality and Individual Differences 45(4),
    323-27.

옮긴이 이미정

영남대학교 영어영문학과를 졸업하고 KBS-서강 방송 아카데미 번역 작가 과정을 수료했다. 현재 출판 번역 에이전시인 베네트랜스 전속 번역가로 활동하고 있다. 옮긴 책으로는 『예술하는 습관』, 『파친코 1, 2』, 『고담의 신 2』, 『시간 여행』 등이 있다.

짧고 굵게 일합니다

초판 1쇄 발행 2020년 8월 17일
초판 4쇄 발행 2024년 9월 19일

지은이 곤도 마리에·스콧 소넨샤인
발행인 이봉주 **단행본사업본부장** 신동해
편집장 김예원 **책임편집** 김보람
디자인 this-cover.com **마케팅** 최혜진 이인국
홍보 반여진 허지호 송임선 **국제업무** 김은정 김지민 **제작** 정석훈

브랜드 리더스북
주소 경기도 파주시 회동길 20
문의전화 031-956-7353(편집) 031-956-7089(마케팅)
홈페이지 www.wjbooks.co.kr
인스타그램 www.instagram.com/woongjin_readers
페이스북 www.facebook.com/woongjinreaders
블로그 blog.naver.com/wj_booking

발행처 ㈜웅진씽크빅
출판신고 1980년 3월 29일 제406-2007-000046호
© **한국어판 출판권** ㈜웅진씽크빅, 2020
ISBN 978-89-01-24402-0 03320